Tiere

40 Ideen mit LEGO®-Steinen

Warren Elsmore

Tiere

40 Ideen mit LEGO®-Steinen

Bassermann

ISBN 978-3-8094-3816-8

2. Auflage 2022

© 2017 by Bassermann Verlag, einem Unternehmen der Penguin Random House Verlagsgruppe GmbH, Neumarkter Str. 28, 81673 München

Copyright © der englischsprachigen Originalausgabe 2016 Quarto Publishing plc, The Old Brewery, 6 Blundell Street, London N7 9BH, unter dem Originaltitel *Brick Animals*

Die Verwertung der Texte und Bilder, auch auszugsweise, ist ohne die Zustimmung des Verlags urheberrechtswidrig und strafbar. Dies gilt auch für Vervielfältigungen, Übersetzungen, Mikroverfilmung und für die Verarbeitung mit elektronischen Systemen.

Der Verlag weist ausdrücklich darauf hin, dass im Text enthaltene externe Links vom Verlag nur bis zum Zeitpunkt der Buchveröffentlichung eingesehen werden konnten. Auf spätere Veränderungen hat der Verlag keinerlei Einfluss. Eine Haftung des Verlags ist daher ausgeschlossen.

Umschlaggestaltung: Atelier Versen, Bad Aibling

Fotos: Neal Grundy

Layout: Gareth Butterworth

Projektkoordination dieser Ausgabe: Birte Dittmann

Übersetzung: Dr. Ulrike Kretschmer, München

Satz und Redaktion: Dr. Alex Klubertanz, Haßfurt

Druck und Bindung: 1010 Printing International Ltd

Printed in China

Penguin Random House Verlagsgruppe FSC® N001967

LEGO®, das LEGO-Logo, das Steine-Stecksystem und die Minifigur sind Warenzeichen der LEGO Group, die dieses Buch weder gesponsert noch autorisiert hat.

Bauspaß mit LEGO-Tieren

Wenn ich an öffentlichen Events teilnehme und meine LEGO®-Modelle baue, wird mir immer wieder folgende Frage gestellt: »Warum produziert LEGO jetzt all diese speziellen Teile? Zu meiner Zeit waren es nur Steine.« Um euch zu zeigen, dass ihr aus eben diesen Steinen alles bauen könnt, gibt es nun dieses Buch.

Dass LEGO seine Bausätze geändert hat und die speziellen Teile neu sind, stimmt nicht ganz. Schon 1950, als es den Baukasten mit den 2-x-4-Grundsteinen zu kaufen gab, bot LEGO zusätzlich spezielle Türen und Fenster an.

Räder erschienen erst etwas später, gehören nun aber schon seit über 50 Jahren zu fast jedem Bausatz dazu. Als wir also beschlossen, nur die »grundlegenden Steine« zu verwenden, mussten wir erst einmal definieren, was unter »grundlegenden Steinen« zu verstehen war.

Für dieses Buch schöpfte mein Team seine Inspiration aus den LEGO-Classic-Boxen. Jede dieser Boxen enthält genau das, wonach die Besucher der LEGO-Events fragen: eine große Auswahl an LEGO-Steinen. Natürlich haben wir nicht nur mit den 2-x-4-Standardsteinen, den 2-x-2-Quadraten oder den schmalen 1-x-3-Steinen gearbeitet, doch sollte jeder »seine« Bauteile mühelos wiedererkennen.

Für einige unserer Tiere ist Farbe sehr wichtig, wobei die farbigen Steine in einer Classic-Box oft nicht ausreichen. Hier empfiehlt es sich, gleich mehrere und verschiedene Boxen zur Hand zu haben. Natürlich könnt ihr die Farbgebung je nach Vorliebe und verfügbaren Steinen ändern.

Und schließlich noch ein Tipp: Wenn ihr eines der Tiere in diesem Buch nachbauen wollt, aber nicht die exakt passenden Steine habt – macht nichts! Letztlich ist es eine ganz persönliche Entscheidung, welche Steine ihr verwendet. Wenn ihr findet, dass das Tier mit einem anderen Stein besser aussieht, nur zu! Bei LEGO gibt es kein Richtig oder Falsch. Hauptsache ist, ihr habt Spaß beim Bauen!

Warren Elsmore

Inhalt

Schmetterling

Einen Schmetterling mit LEGO®-Steinen zu bauen, macht besonders viel Spaß, weil die kleinen Geschöpfe so bunt sind! Für die Flügel bietet sich eine Kombination aus Rundplatten und Viertelkreisplatten an. Die abgeschrägten Vierer runden die Ränder der Flügel oben und an den Seiten ab. Um die Flügel miteinander zu verbinden, habe ich einen 1-x-1-Stein mit fünf Noppen verwendet.

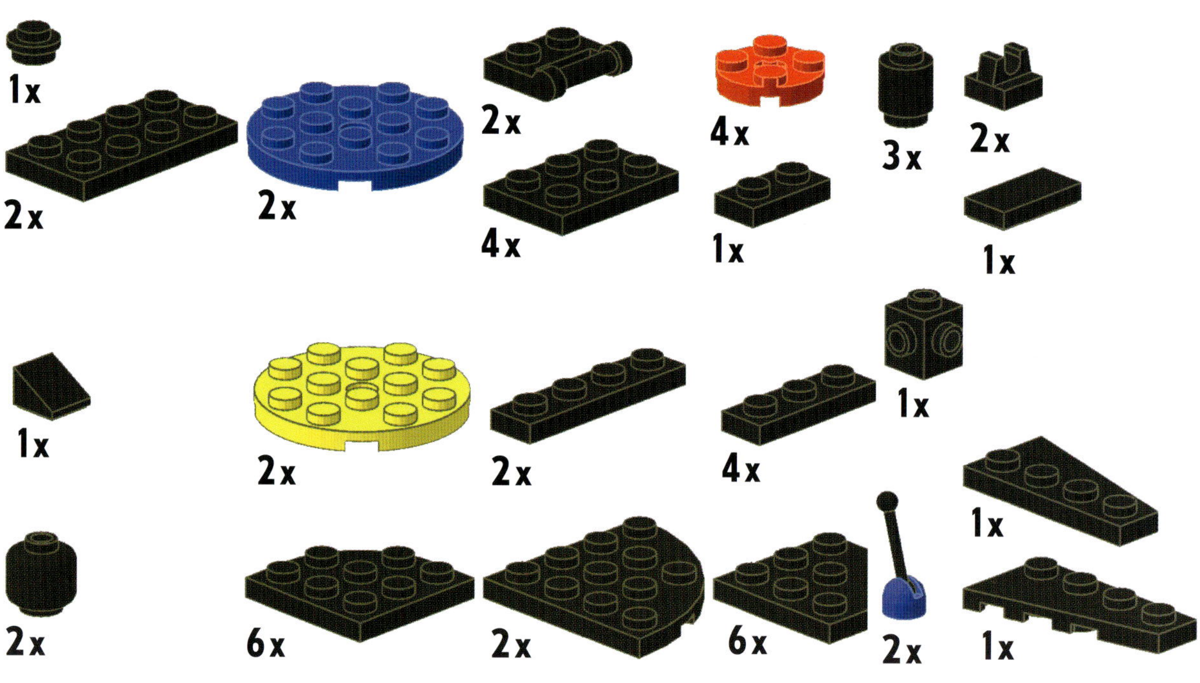

Schmetterling

3

4

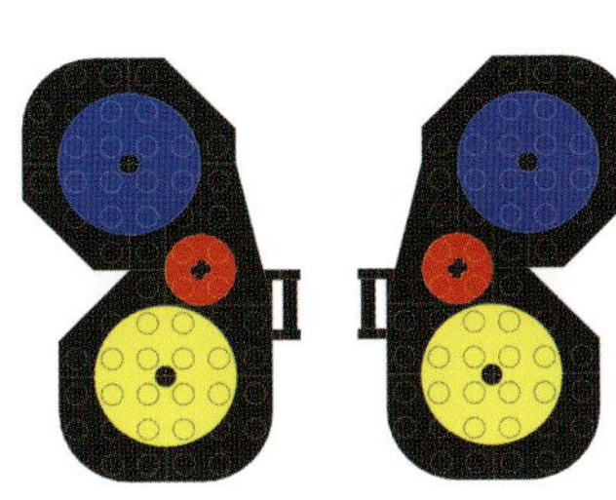

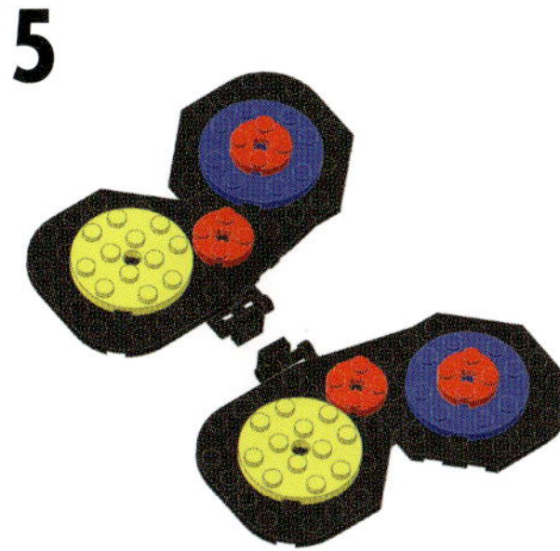

6

7

Papagei

Papageien haben sich die Menschen schon seit Hunderten, wenn nicht Tausenden von Jahren als Haustiere gehalten. Die farbenprächtigen Vögel sind in tropischen und subtropischen Regionen heimisch, sie haben gebogene Schnäbel, kräftige Beine und klauenbewehrte Füße. Die meisten Papageien ernähren sich von Samen, Nüssen, Früchten und Pflanzen. Sie zählen zu den intelligentesten Vögeln überhaupt und sind berühmt für ihre Sprechkünste. Die blauen und gelben LEGO®-Steine passen perfekt.

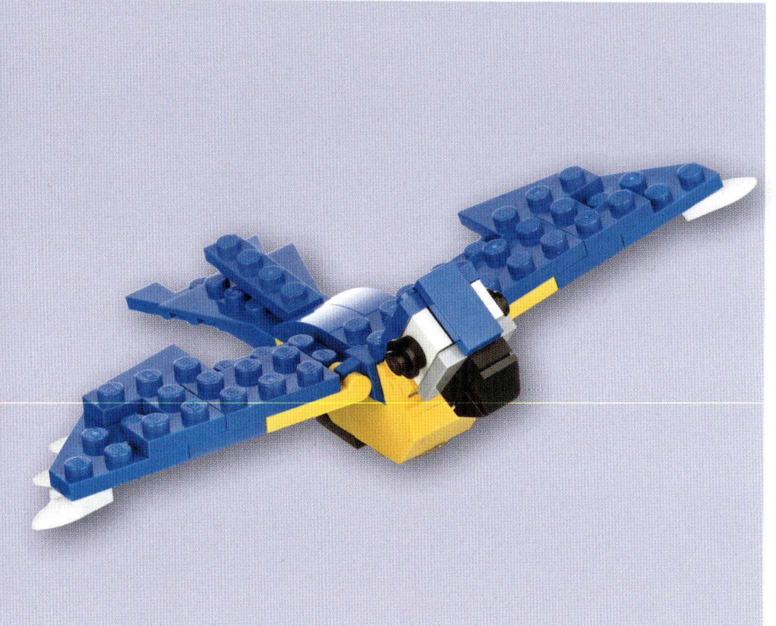

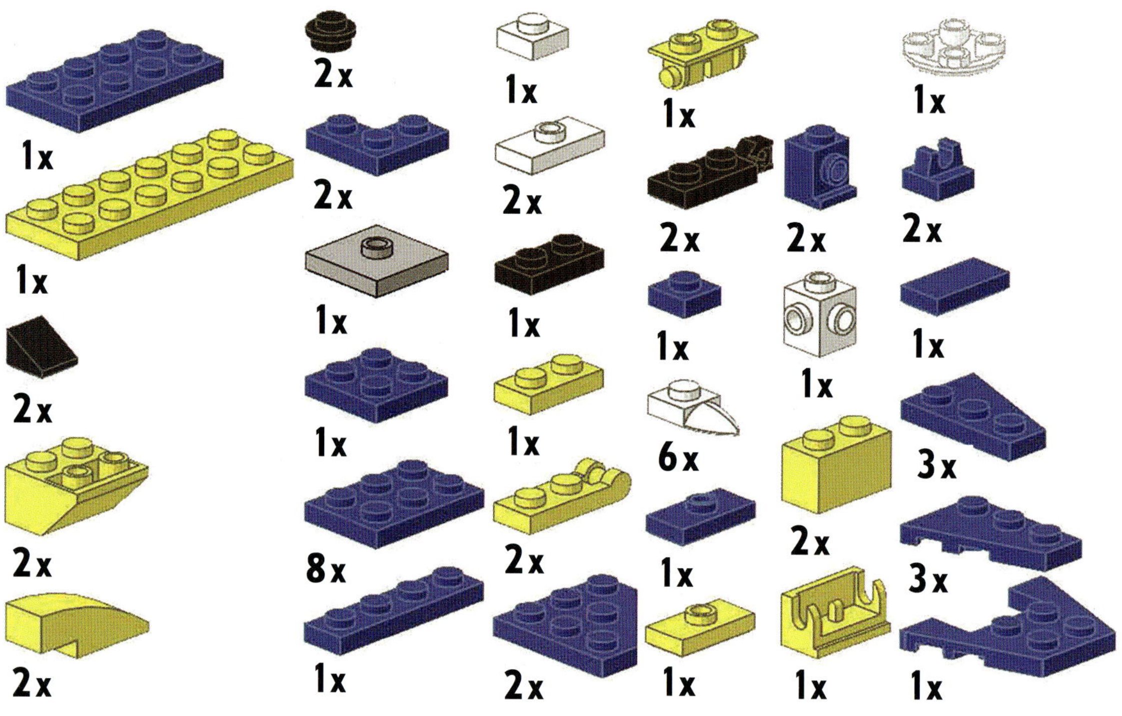

Papagei

1

2

3

4

5

6

7

8

9

10

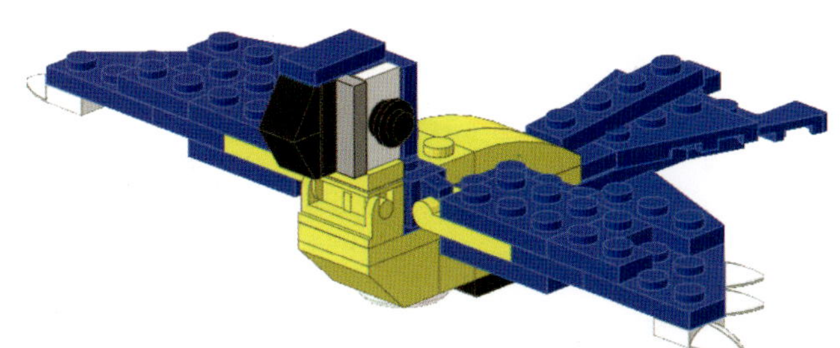

Waschbär

Waschbären erkennt man leicht an ihren schwarzen Augenflecken, die wie eine Maske aussehen, und an ihrem schwarz-weiß geringelten Schwanz. Die nachtaktiven Tiere besitzen schmale und geschickte Vorderpfoten. Sie sind vorwiegend in Nordamerika heimisch und bekannt für ihre neugierige und intelligente Natur. Den gestreiften Schwanz und die gestreiften Beine unseres Waschbären haben wir mit runden und quadratischen 1-x-1-Platten modelliert.

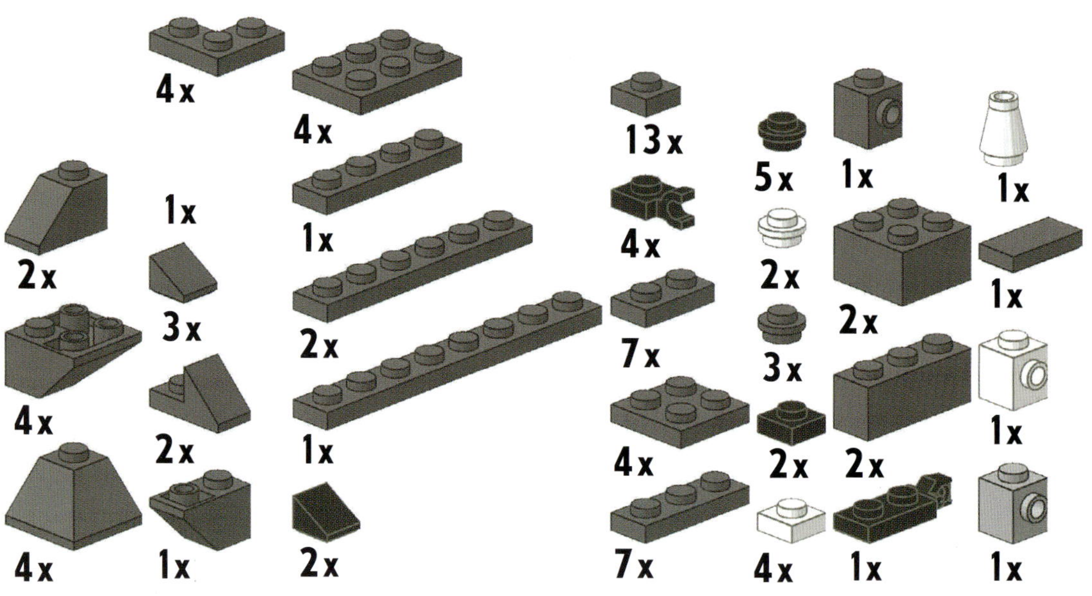

Waschbär

1

2

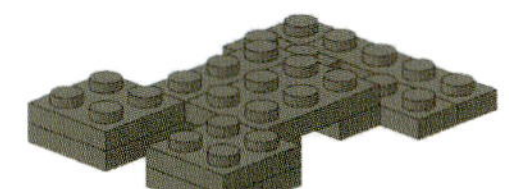

3

4

5

6

7

8

9

10

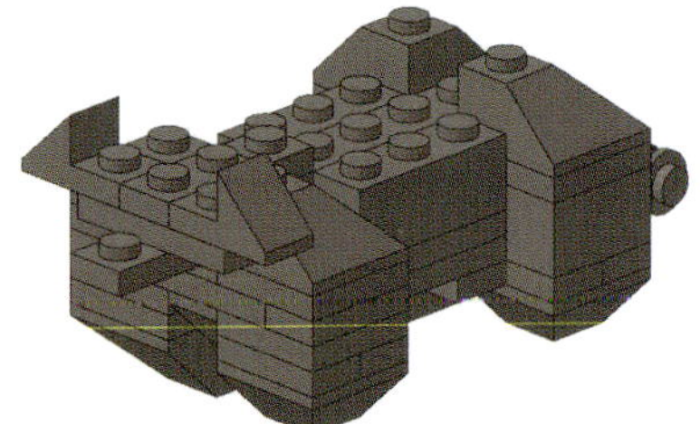

11

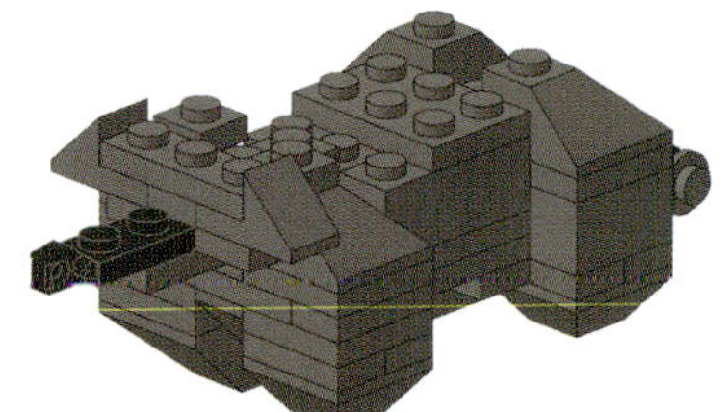

12

13

14

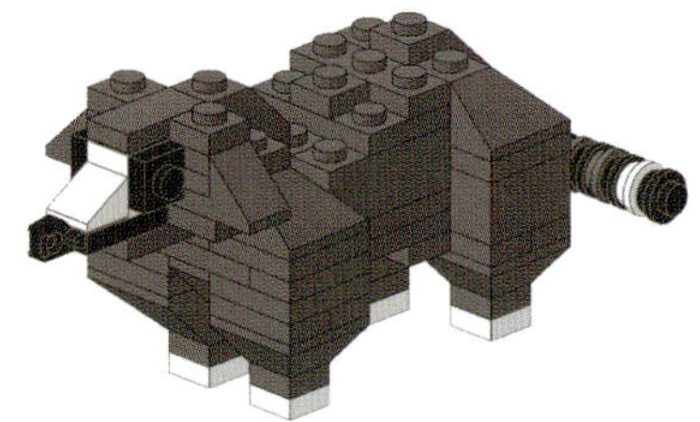

15

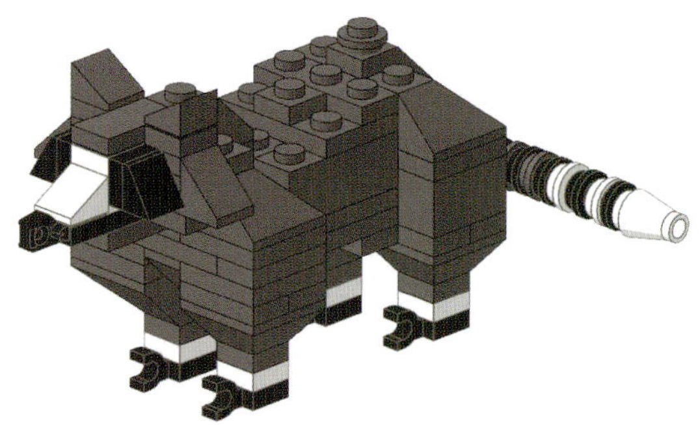

Löwe

Löwen gehören zu den größten Mitgliedern der Katzenfamilie, sie werden tatsächlich nur noch vom Tiger übertroffen. Obwohl man sie gern König des Dschungels nennt, leben sie eigentlich in den Savannen Afrikas. Die fleischfressenden Säugetiere sind meist nachts aktiv. Die braunen und gelben LEGO®-Steine bilden die Farben des Fells und der Mähne naturgetreu ab. Für Letztere haben wir verschiedene normale und inverse (umgekehrte) 45-Grad-Schrägsteine verwendet.

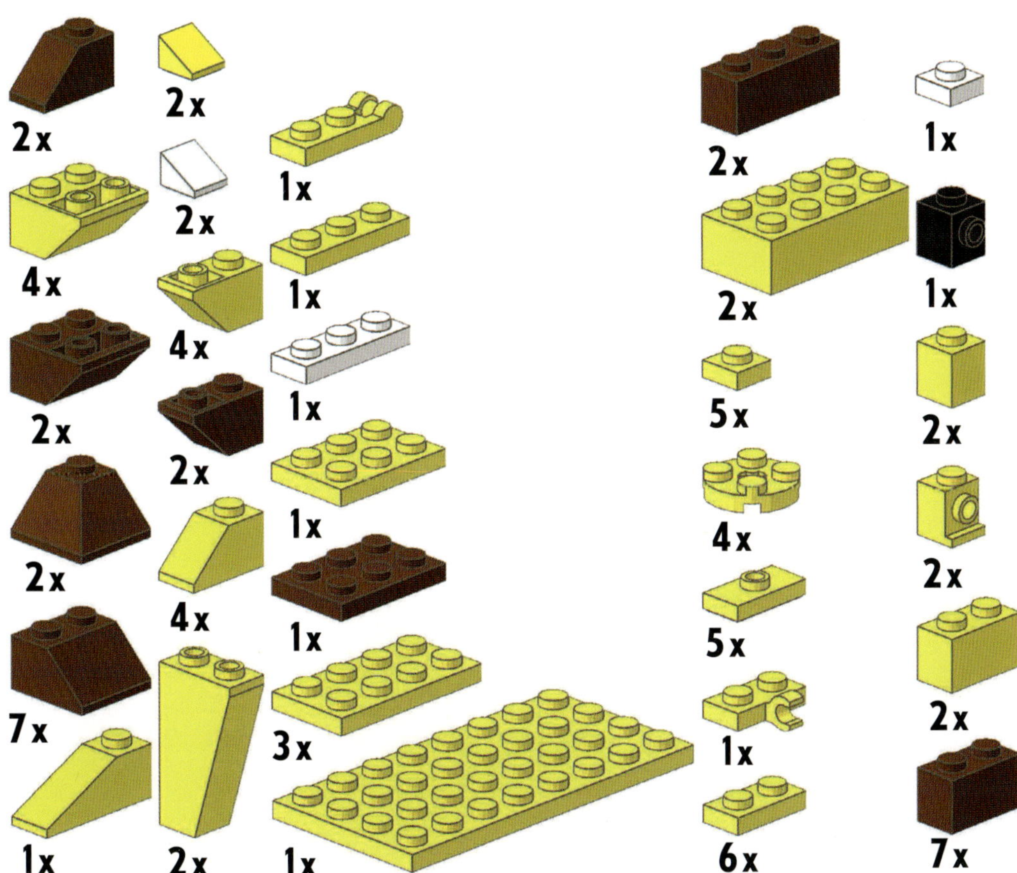

Löwe

1

2

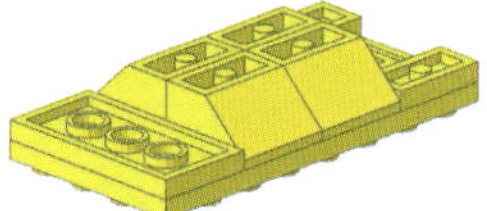

3

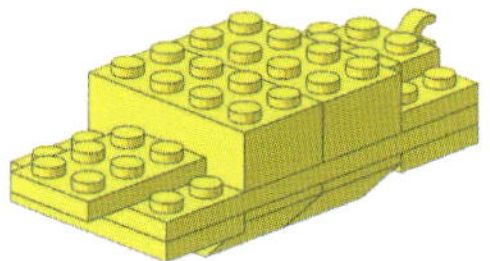

4

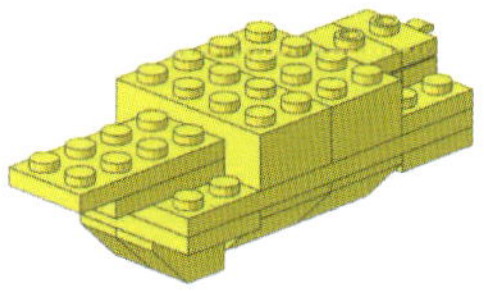

5

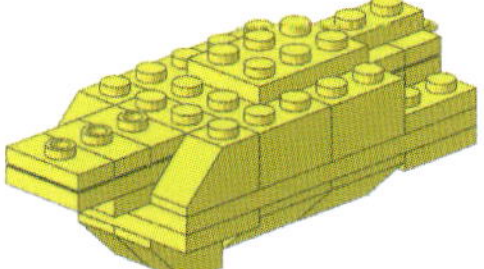

6

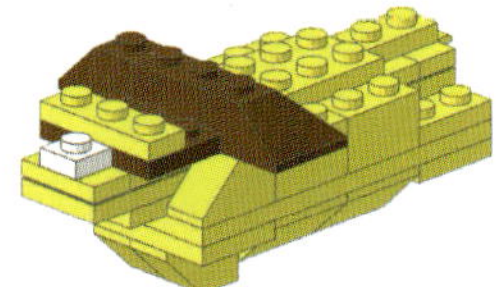

7

8

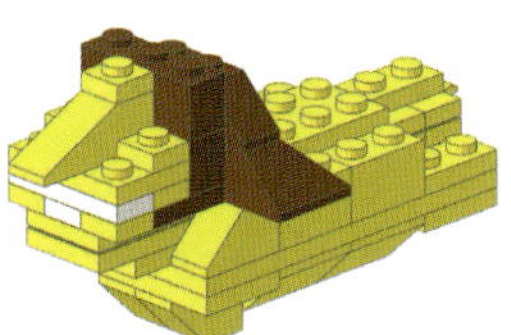

9

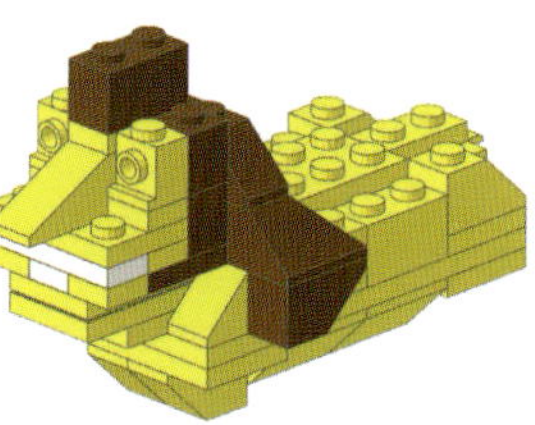

10

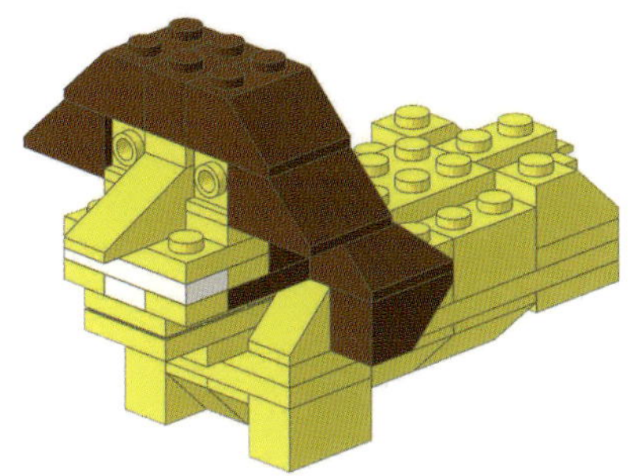

11

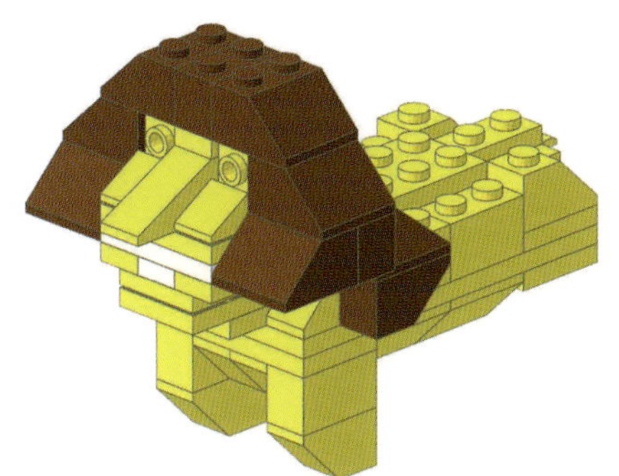

12

13

Kaninchen

Es gibt weltweit zwar nur etwa 28 Kaninchenarten, diese bevölkern dafür aber eine überraschend große Bandbreite an Lebensräumen, von Wüsten und tropischen Regenwäldern über Sumpfgebiete bis zu Regionen mit gemäßigtem Klima. Das wohl auffälligste Merkmal des Kaninchens sind seine langen Ohren, die optimal daran angepasst sind, Fressfeinde zu hören. Kaninchen verfügen über kräftige Hinterläufe,ein kurzes Schwänzchen, die »Blume«, und lange Krallen, mit denen sie ihre unterirdischen Baue graben.

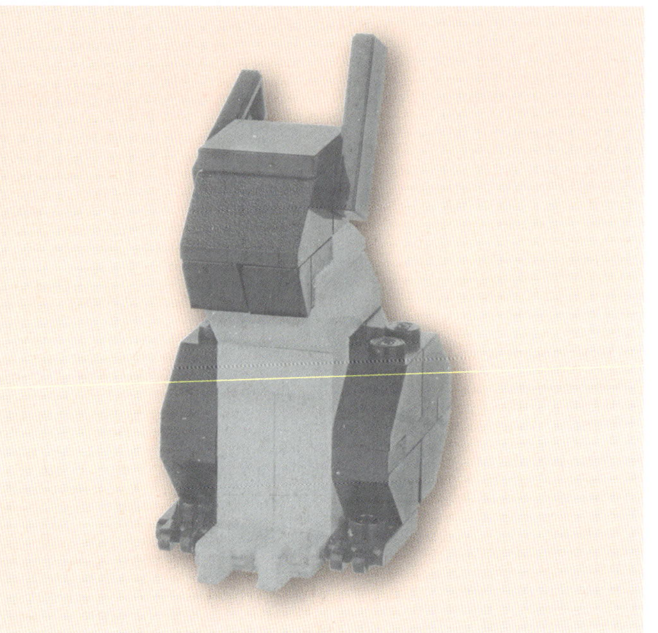

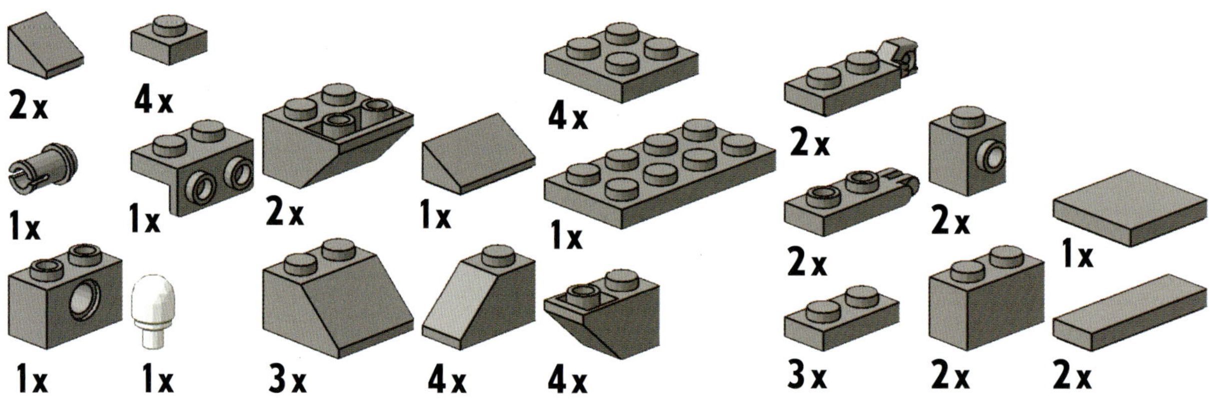

Kaninchen

1

2

3

4

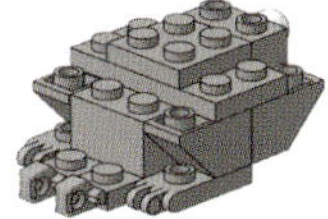

5

6

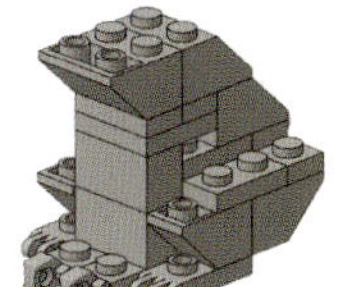

7

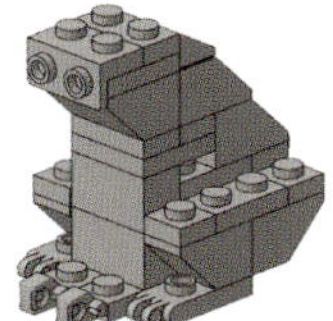

8

9

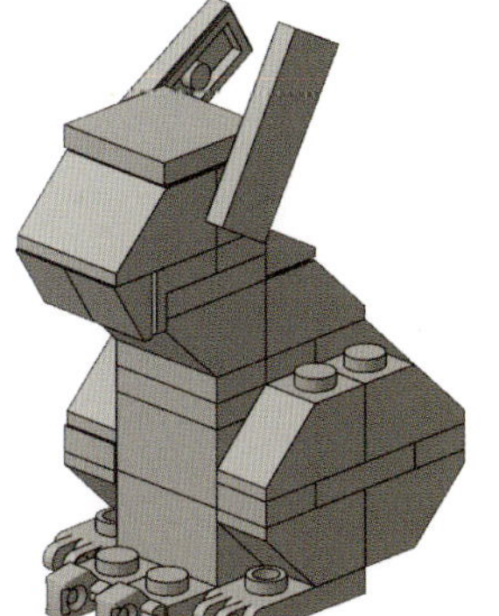

Ente

Pferde traben, Hasen hoppeln – und Enten watscheln definitiv, wenn sie gehen! Und zwar weil ihre Beine wie die des Schwans weit hinten am Körper ansetzen. Die Stockente, die vielleicht bekanntes-te Entenart, wurde erstmals vor über 2500 Jahren in China domestiziert. Die Männchen unterscheiden sich von den Weibchen sowohl in ihren Rufen als auch im Gefieder, sie sind viel bunter. Wir haben uns für eine große, weiße Ente mit gelben Beinen und gelbem Schnabel entschieden – die Pekingente.

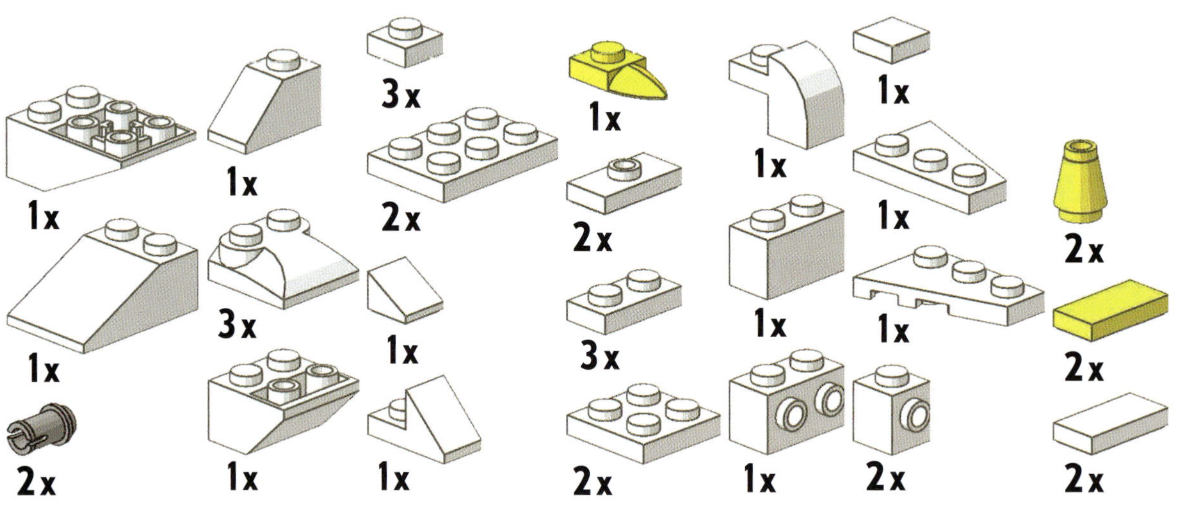

Ente

1

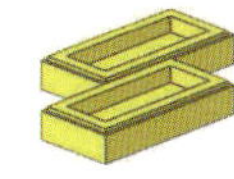

2

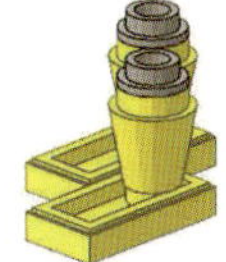

3

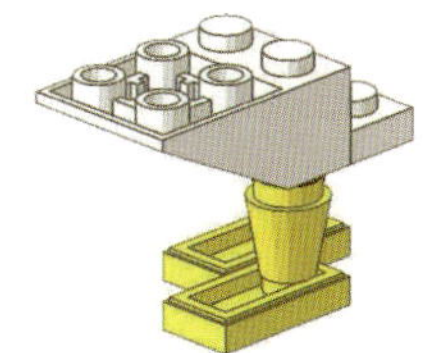

4

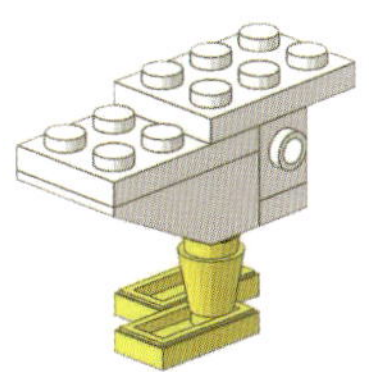

5

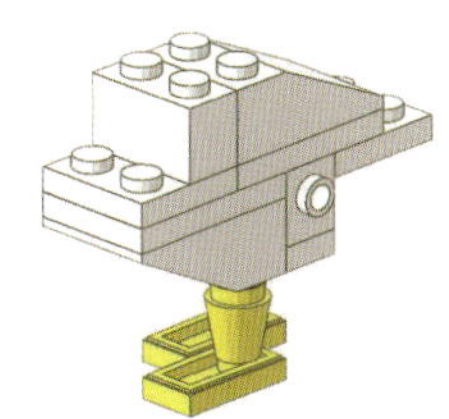

6

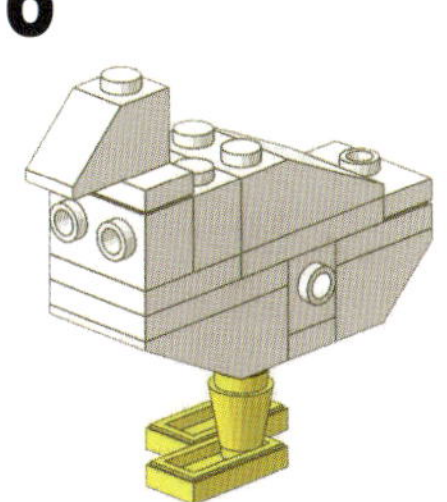

7

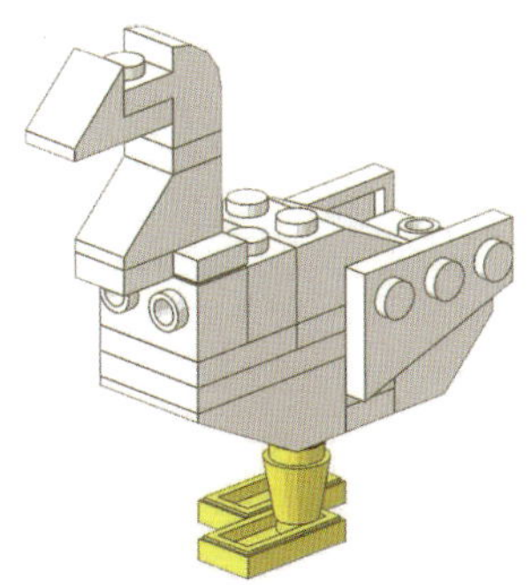

8

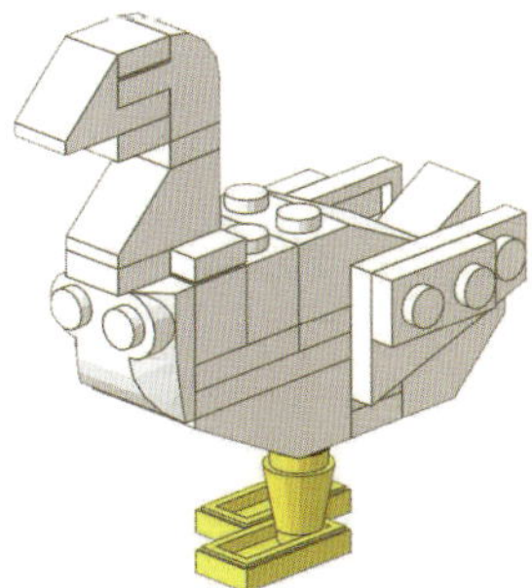

9

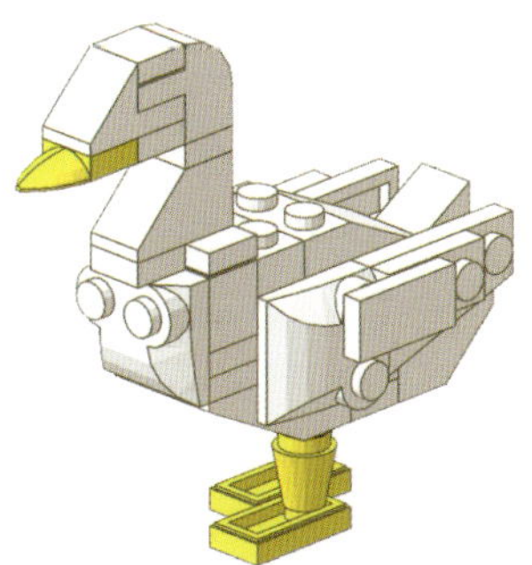

Käfer

Unter den Insekten ist die Artenvielfalt bei Käfern am größten; bislang kennt man rund 360 000 Arten weltweit. Sie besitzen zwei Paar Flügel: Das äußere Paar ist meist hart und stabil und schützt so das innere Paar. Käfer gibt es in einer riesigen Bandbreite an Farben, manche weisen geradezu sensationelle Muster auf. Die grünen Steine heben die glatte, glänzende Körperoberfläche dieses Käfers besonders gut hervor. Die drei Beinpaare bestehen aus sechs 1-x-4-Scharnierplatten.

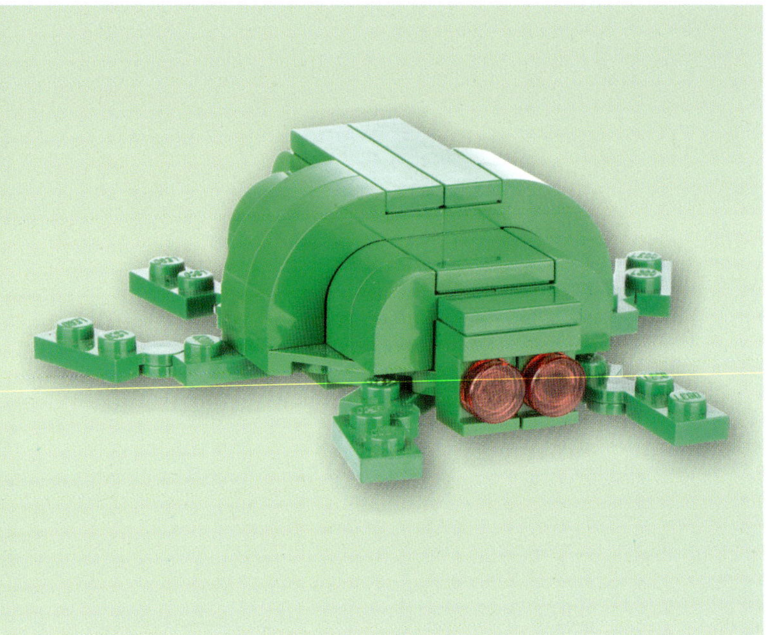

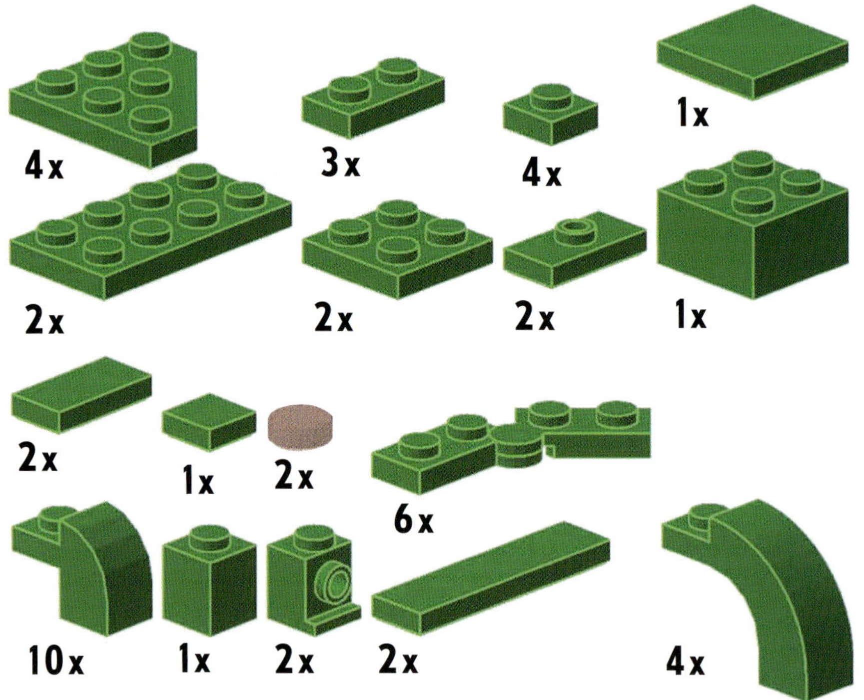

Käfer

1

2

3

4

5

6

7

8

9

10

11

Eisbär

Eisbären sehen zwar süß aus, sind aber gefährliche Raubtiere, die jeden Menschen, der sie bedroht, töten würden. Sie leben in der Arktis und haben einen ganz erstaunlichen Pelz: Jedes Haar besteht aus einer hohlen Röhre, die das Licht reflektiert und sie so sehr weiß wirken lässt. Ihre Haut ist schwarz und mit einer dicken Fettschicht unterpolstert, die sie in ihrem eisigen Lebensraum schön warmhält. Für die Schultern und Flanken unseres Bären haben wir 2-x-3-Schrägsteine verwendet.

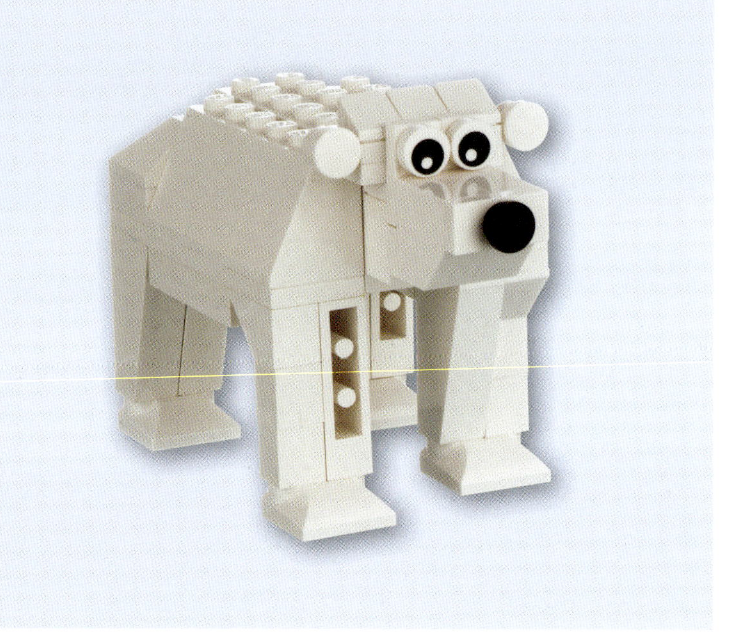

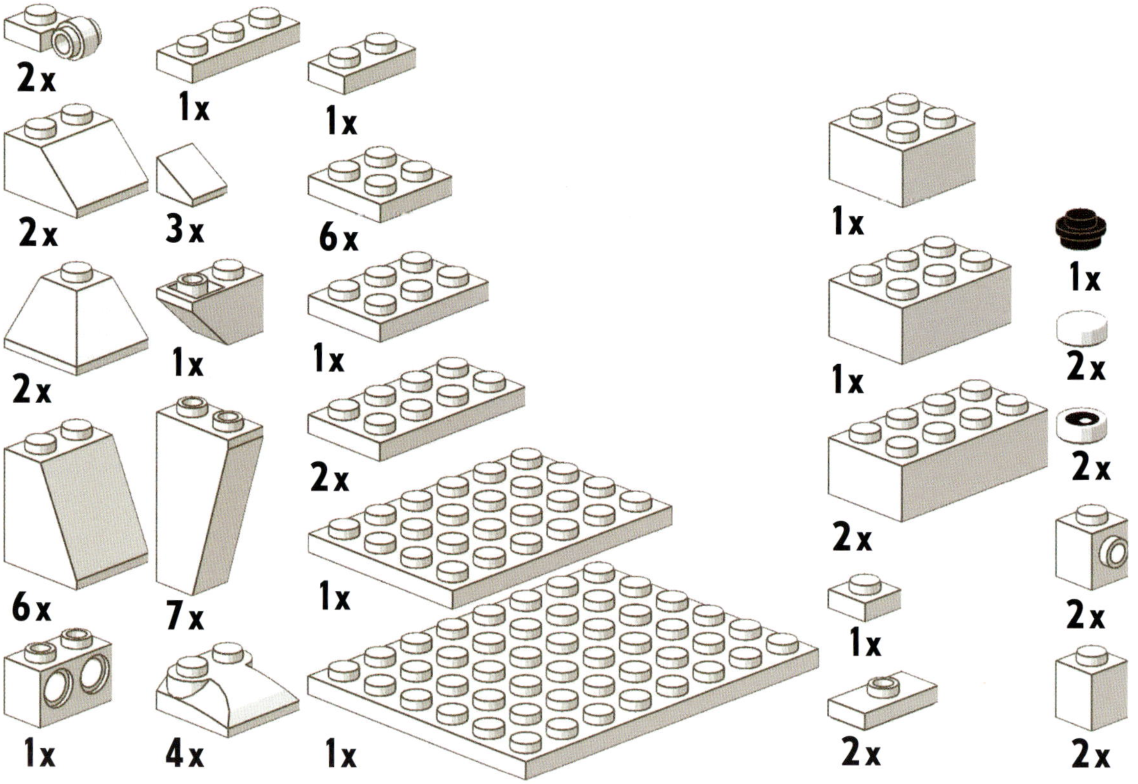

2x 2x 2x 6x 1x

1x 3x 1x 7x 4x

1x 6x 1x 2x 1x 1x

1x 1x 2x 1x 2x

1x 2x 2x 2x 2x

Eisbär

1

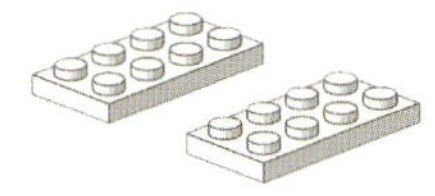

2

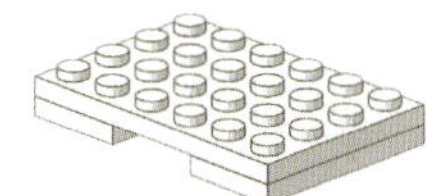

3

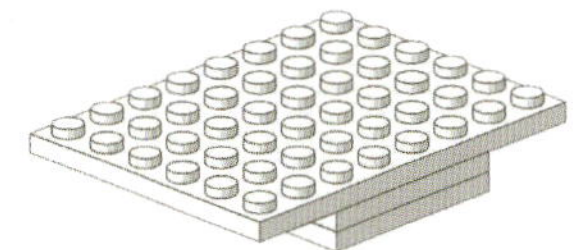

4

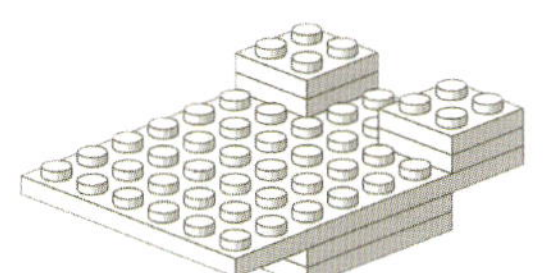

5

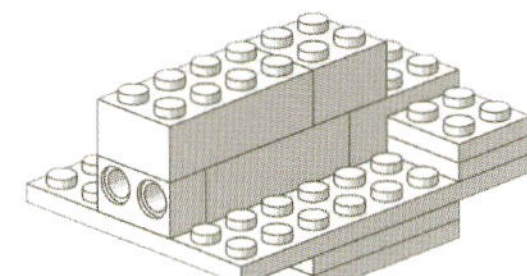

6

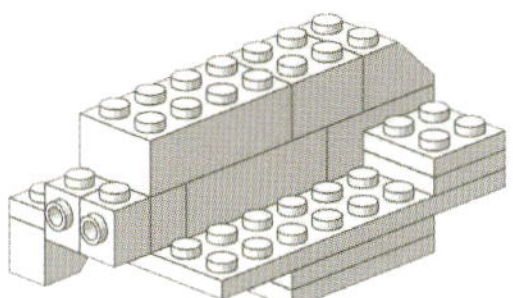

7

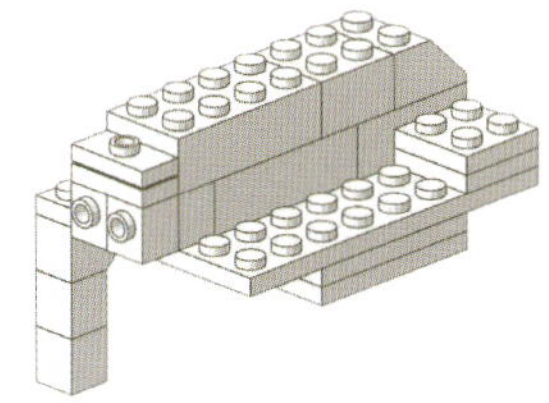

8

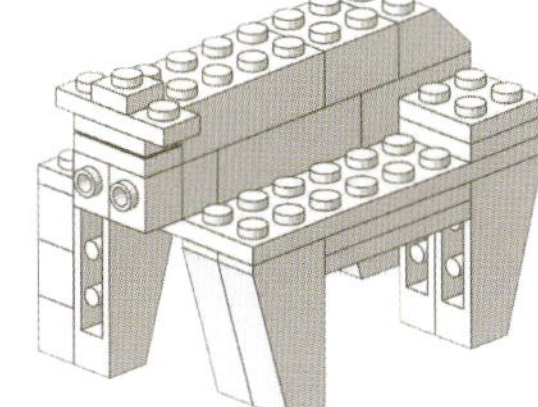

9

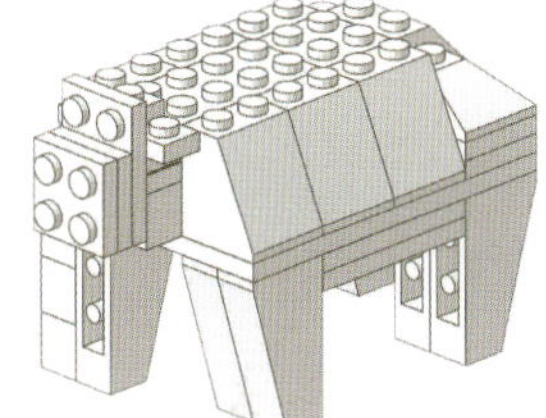

10

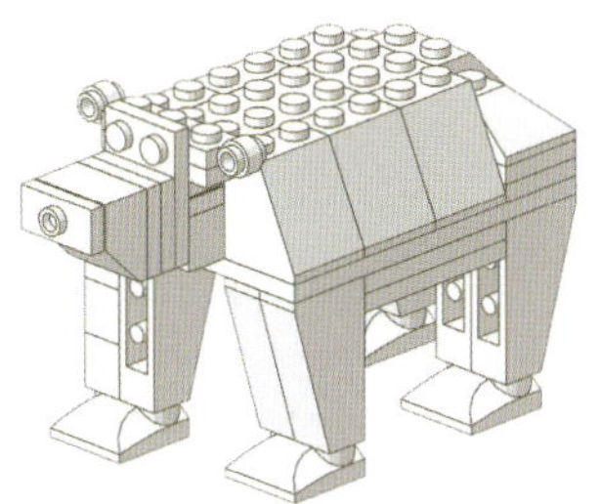

11

Fuchs

Füchse gehören zur Familie der Hunde, unterscheiden sich von ihnen aber durch ihre spitzen Ohren, ihre schmale Schnauze und ihren buschigen Schwanz. Rotfüchse finden sich in mehr Teilen der Welt als jedes andere Tier, abgesehen vom Menschen. Ursprünglich lebten sie nur auf dem Land, heute sind sie auch in Städten verbreitet. Dort suchen sie in Mülltonnen nach Nahrung. Ausgewachsene Füchse sind normalerweise etwa einen Meter lang, wobei die Hälfte davon der Schwanz ausmacht.

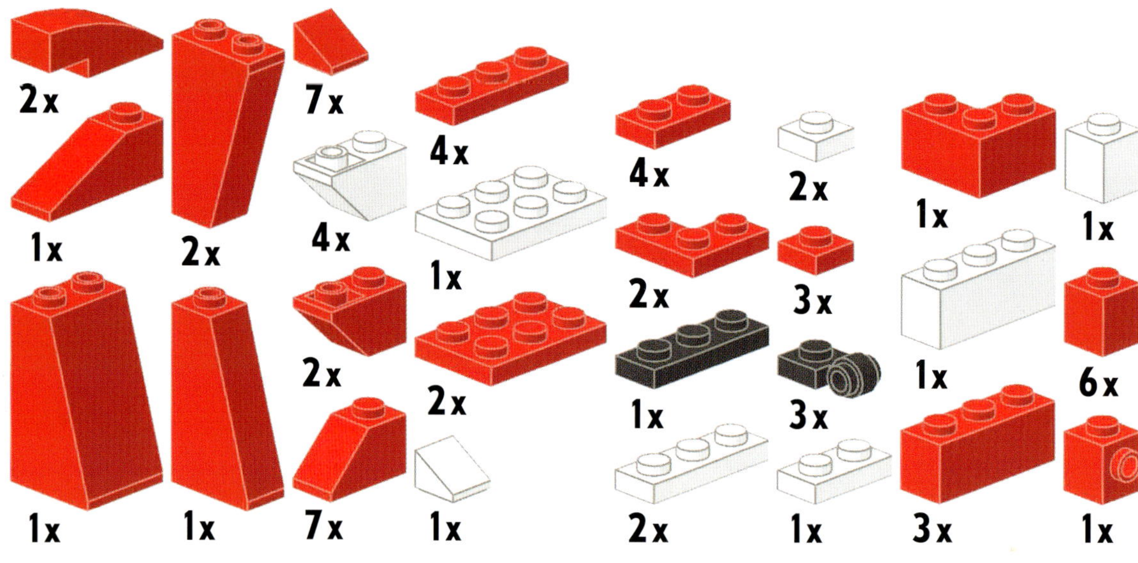

Fuchs

1

2

3

4

5

6

7

8

9

Fuchs

10

11

12

13

14

15

Elefant

Elefanten sind die größten Landsäugetiere der Welt. Mit ihrem langen Rüssel, den Stoßzähnen und großen Ohren sind sie tatsächlich kaum zu übersehen. Sie leben in Herden zusammen, die von einer Leitkuh angeführt werden, und können bis zu 60 Jahre alt werden. Die meiste Zeit – bis zu 18 Stunden am Tag – verbringen die Elefanten mit Fressen, Schlaf gönnen sie sich nur in kurzen Phasen. Die dunkelgrauen LEGO®-Steine passen perfekt zu diesem Tier, in dieser Farbe gibt es auch viele nützliche Formen.

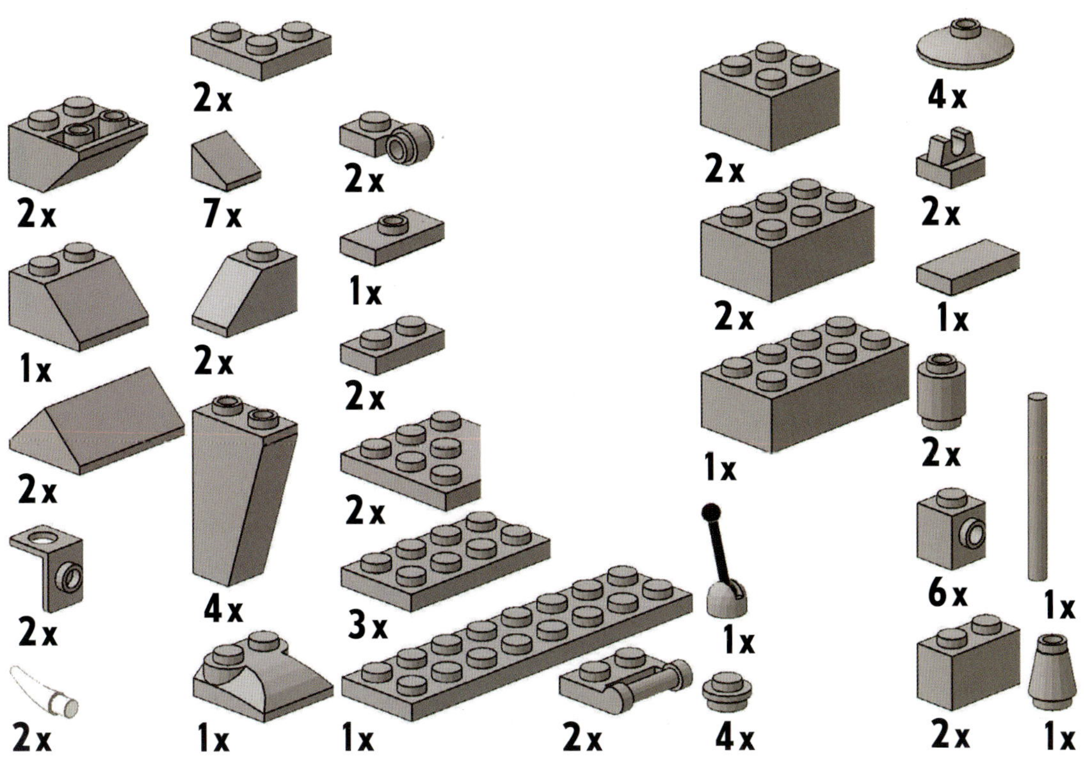

Elefant

1

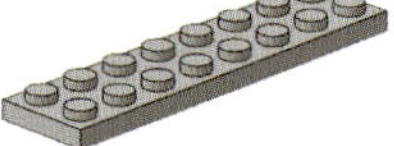

2

3

4

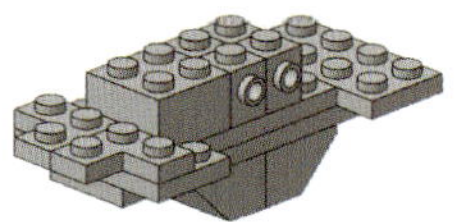

5

6

7

8

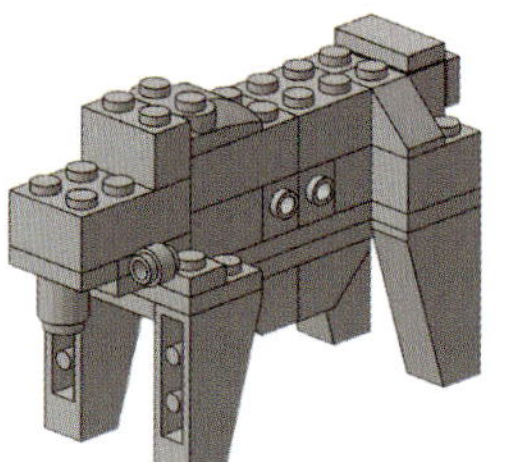

9

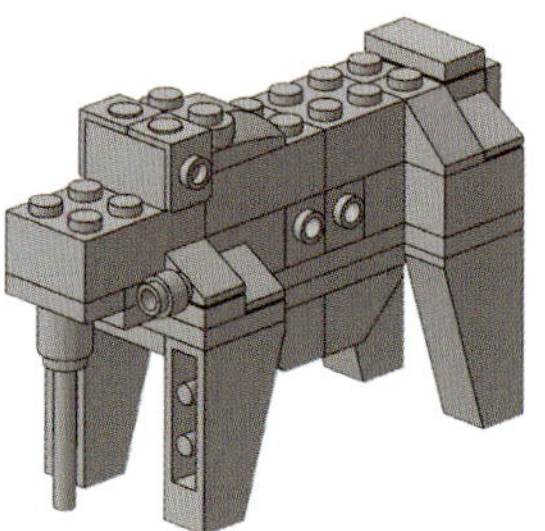

10

11

12

13

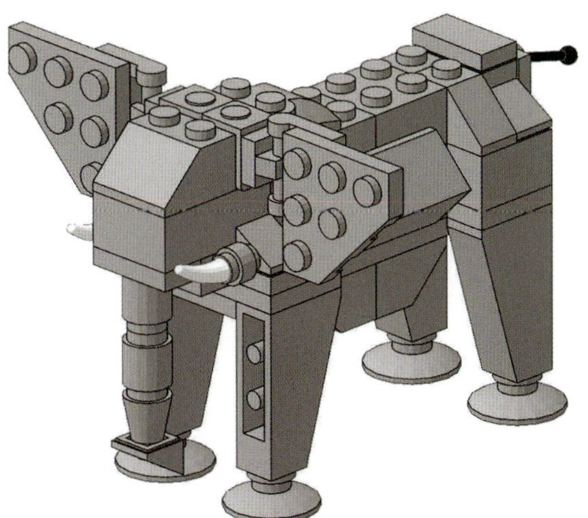

Pandabär

Riesenpandas sind große Bären mit einer auffälligen schwarz-weißen Fellmusterung. Die Männchen können bis 1,80 Meter groß werden und mehr als 100 Kilogramm wiegen. Wenn sie nicht gerade Bambus fressen, purzeln sie liebend gern herum und nehmen Staubbäder, im Schnee spielen sie am liebsten. Auch wenn sie etwas tollpatschig aussehen, sind sie große Kletterkünstler. Die Welt hat sie ins Herz geschlossen, und dennoch gehören sie zu den gefährdetsten Arten unseres Planeten.

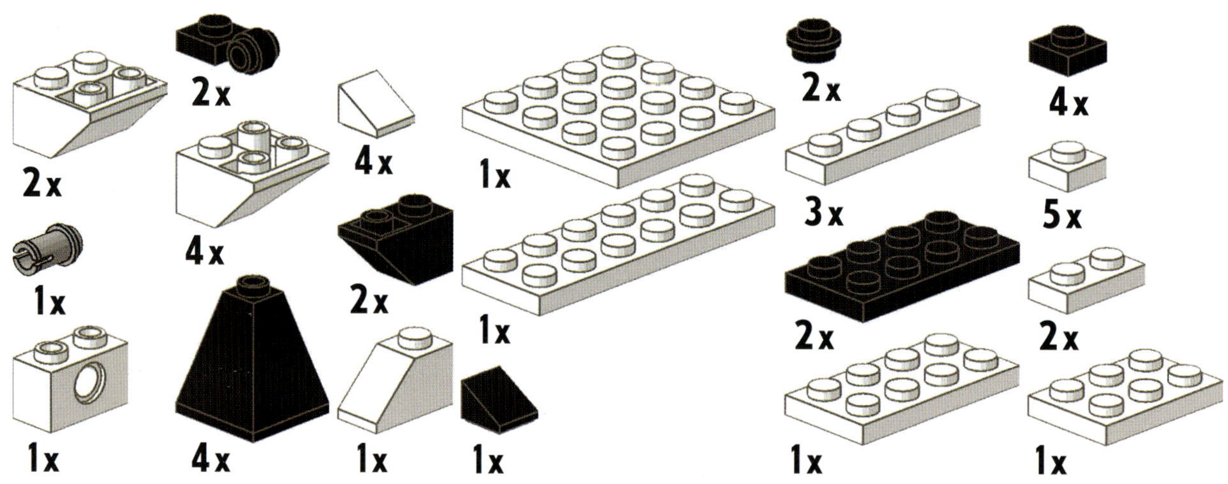

Pandabär

1

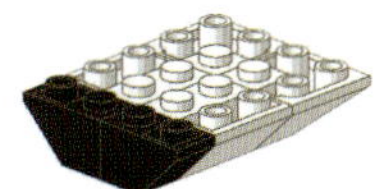

2

3

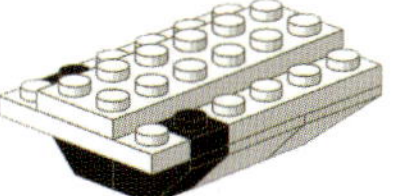

4

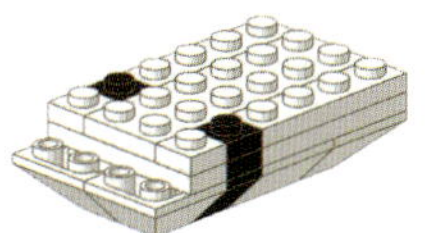

5

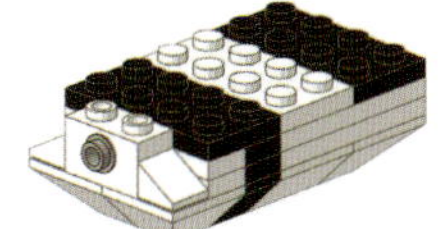

6

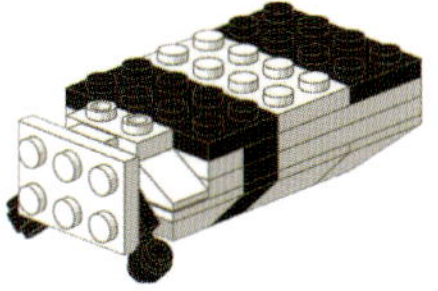

7

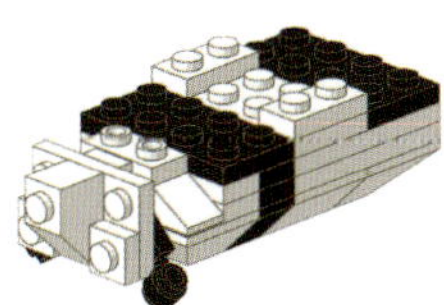

8

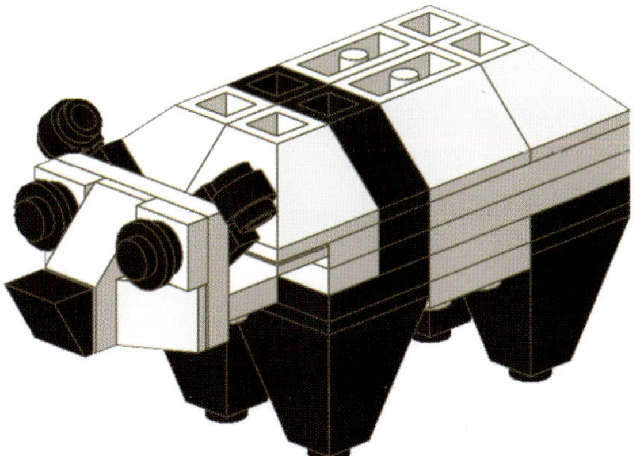

Robbe

Es gibt rund 30 Robbenarten, die überwiegend in nördlichen Gewässern leben. Die Säugetiere sind mit Schwimmfüßen, Flossen und einem kegelförmigen Rumpf ausgestattet – sie sind also langsam an Land, dafür aber die perfekten Schwimmer. Eine dicke Fettschicht schützt sie vor der Kälte. Robben sind Fleischfresser, sie ernähren sich von Fisch und Krustentieren. Für die hinteren Flossen haben wir 1-x-2-Platten mit Gelenk bzw. Finger verwendet, für die vorderen zwei 2-x-6-Keilschrägsteine (einen linken und einen rechten).

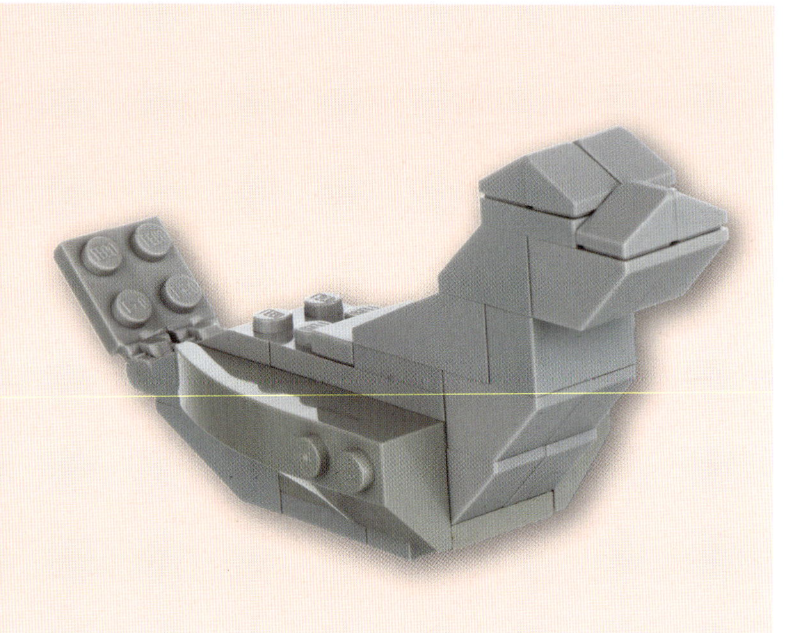

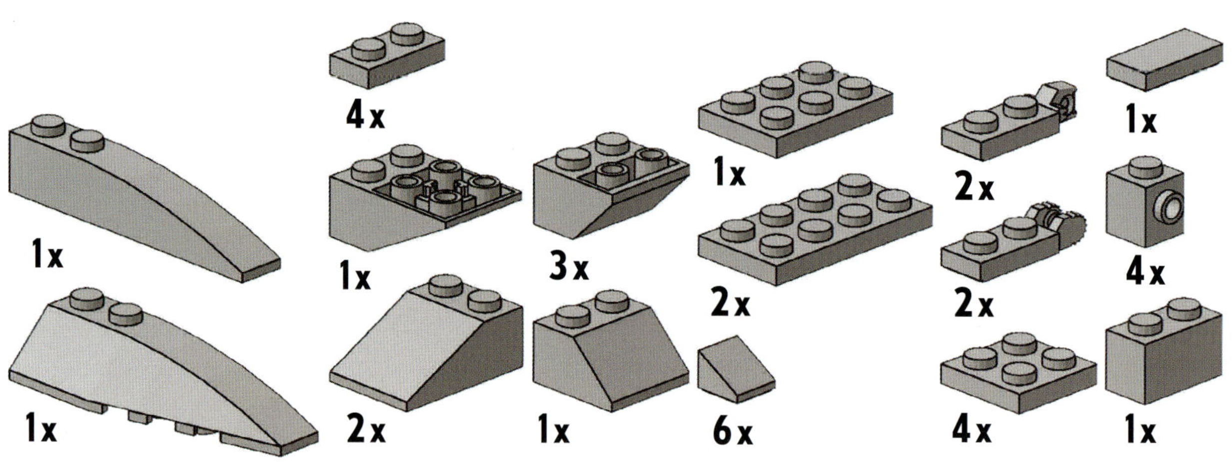

Robbe

1

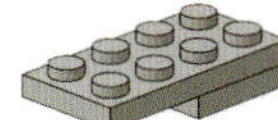

2

3

4

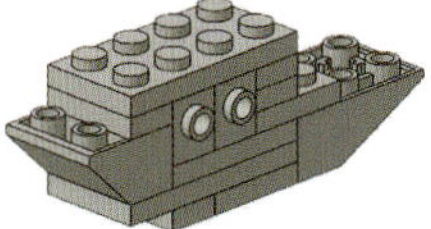

5

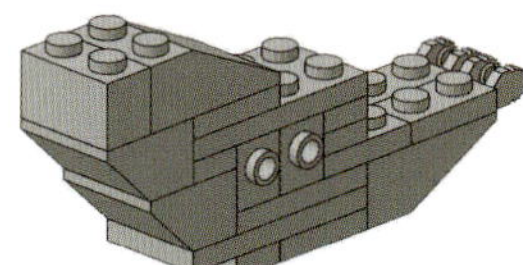

6

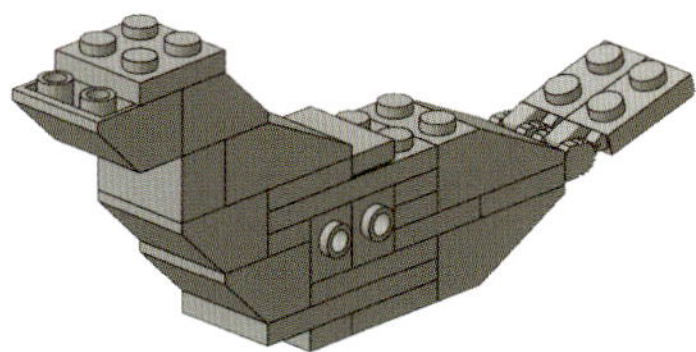

7

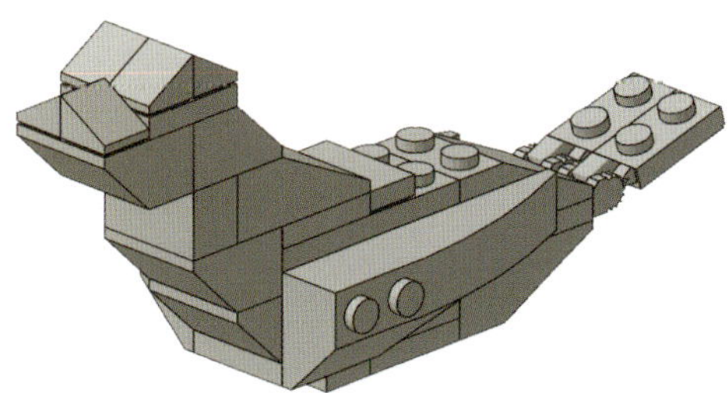

Hummel

Zu diesem Modell inspirierten uns die transparenten Steine. Ihre bräunlich-schwarze Farbe sprang uns für die Flügel einer Hummel regelrecht ins Auge. Das echte Insekt hat natürlich sehr dünne Flügel; dennoch finden wir unsere LEGO®-Hummel ausgesprochen süß, und sie sticht auch bestimmt nicht. Beim Schwanz weisen die Noppen in die andere Richtung; dafür einfach eine Laserschwertstange in zwei runde Steine stecken.

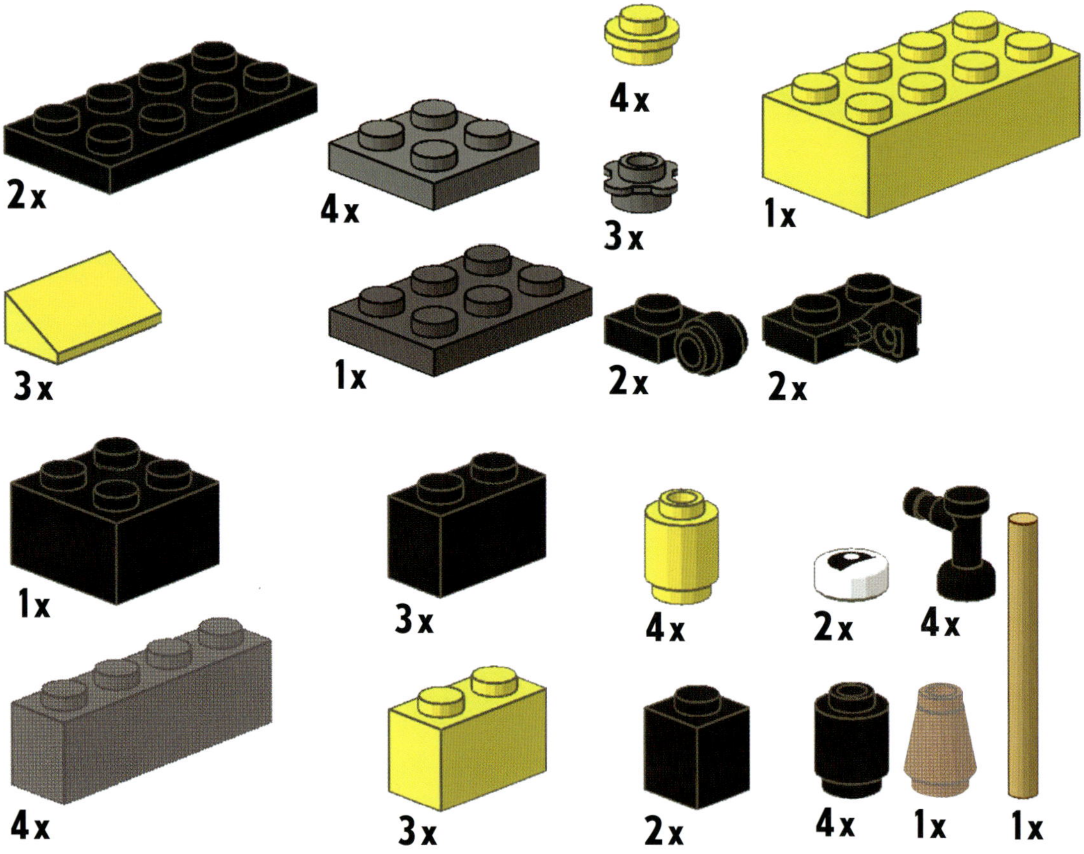

2x 4x 4x 3x 1x

3x 1x 2x 2x

1x 3x 4x 2x 4x

4x 3x 2x 4x 1x 1x

Hummel

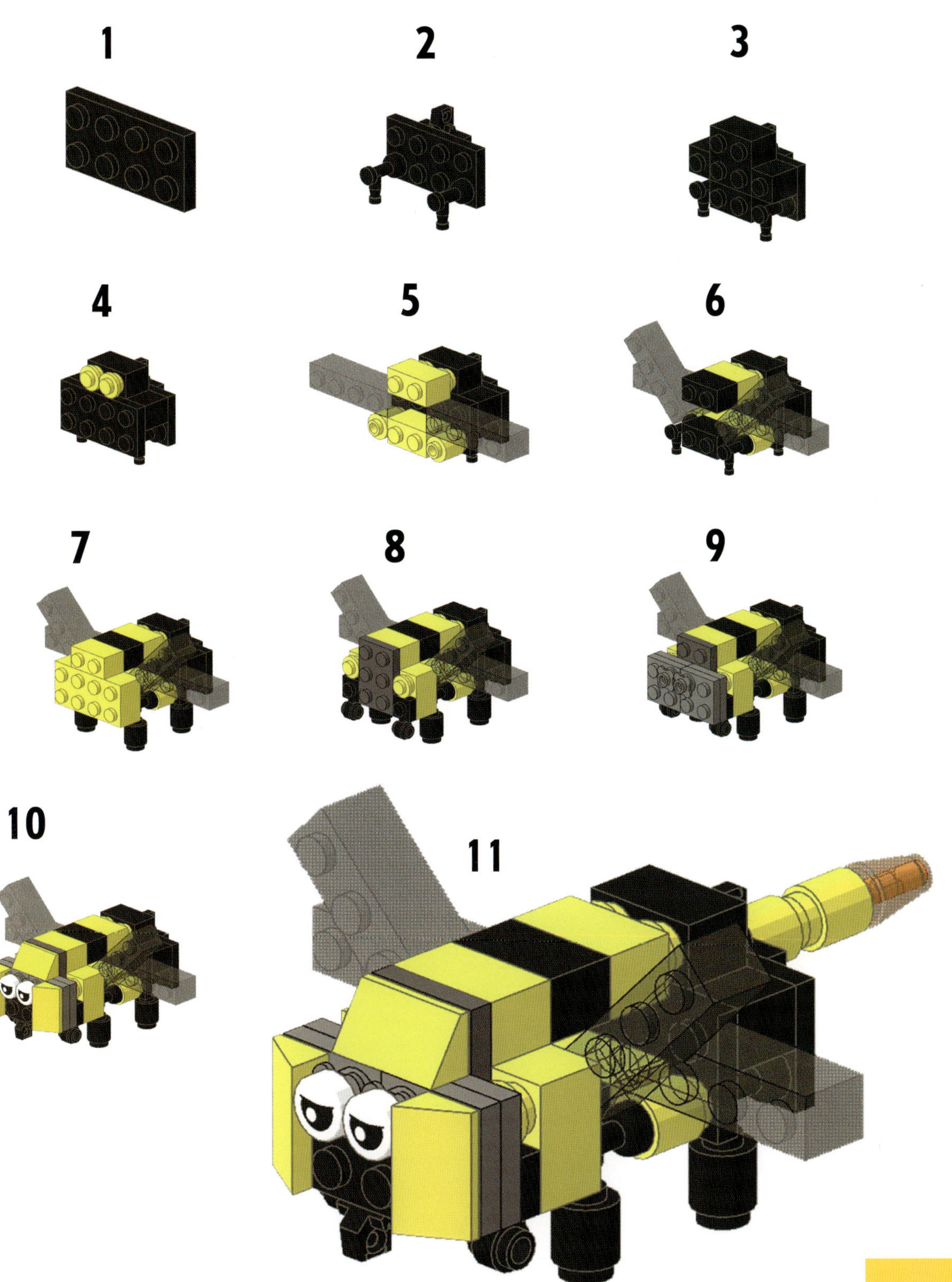

Piranha

Piranhas leben in Flüssen und Seen in Südamerika und haben zwar sehr scharfe und kräftige Zähne, sind aber glücklicherweise nicht annähernd so angriffslustig, wie ihr Ruf es uns glauben machen will. Die dreieckigen Zähne in dem großen, stumpfen Kopf funktionieren wie eine Schere. Mit unserem Modell haben wir die bei der Art am weitesten verbreitete Färbung nachgebaut, eine silbrig-graue Oberseite und einen orangefarbenen Bauch. Der charakteristische Kopf besteht aus einem 2-x-1-x-2-Dachstein mit 65-Grad-Schräge.

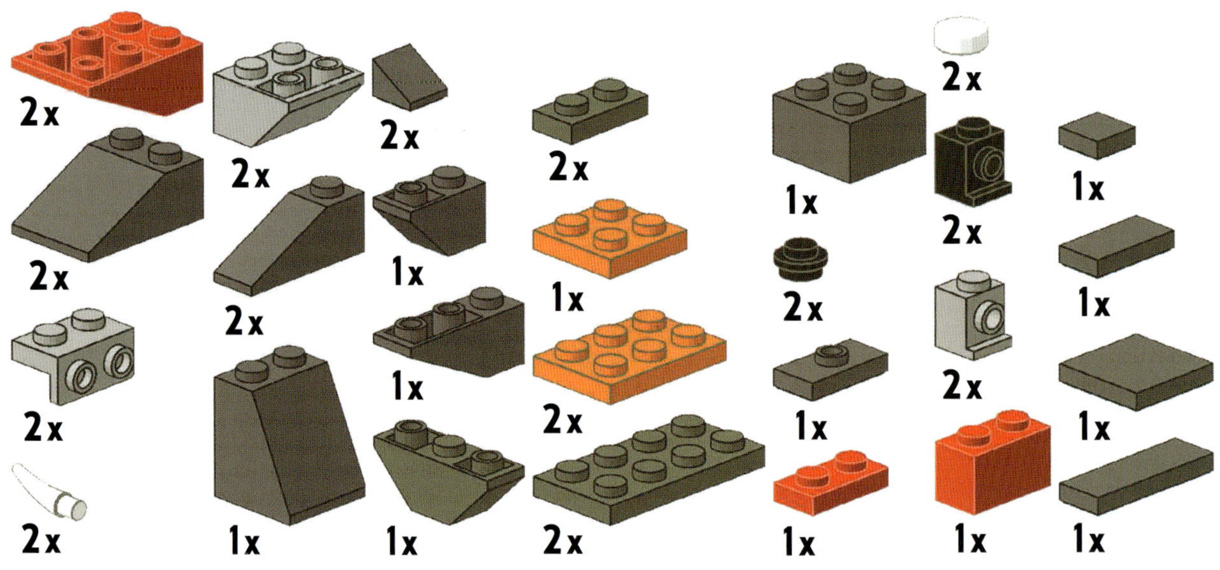

Piranha

1

2

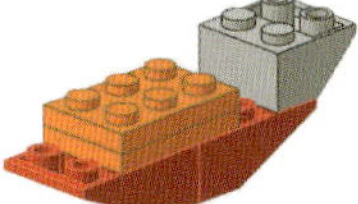

3

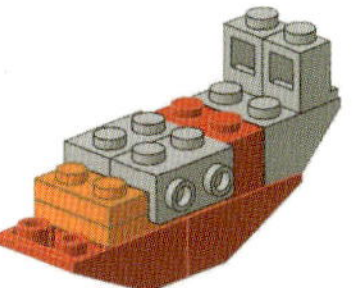

4

5

6

7

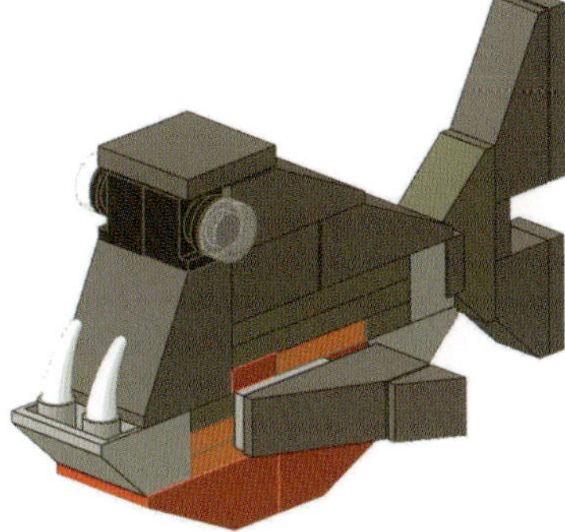

Ziege

Nicht nur im Märchen haben Ziegenböcke einen Bart und Hufe, die beim Gehen klappernde Geräusche machen. Ziegen sind eng mit den Schafen verwandt, besitzen aber einen etwas leichteren Körperbau, kürzere Schwänze und nach hinten gebogene Hörner. Sie sind in vielen Teilen der Welt domestiziert, hauptsächlich wegen der Milch, aus der auch Käse hergestellt wird. Als Halterung für die Hörner haben wir zwei 1-x-1-Platten mit Clip verwendet, ein kleiner schräger Stein stellt den Ziegenbart dar.

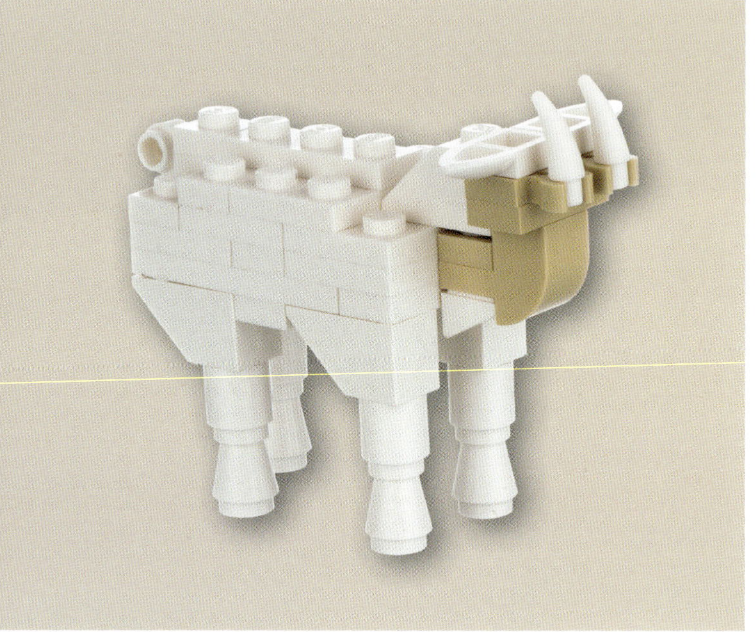

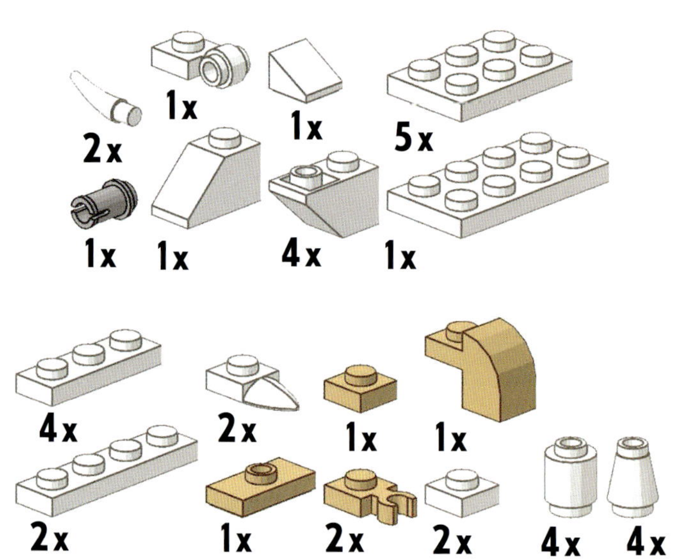

Ziege

1

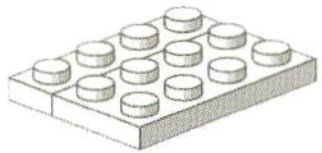

2

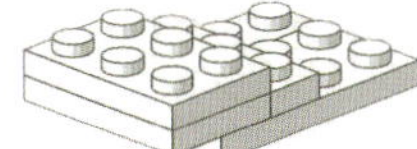

3

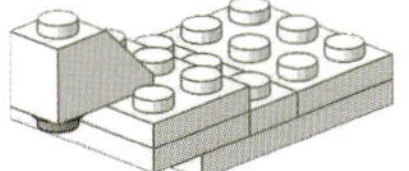

4

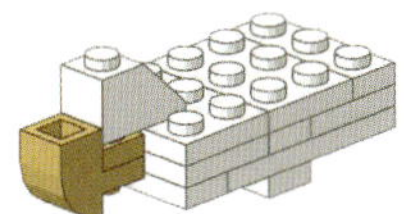

5

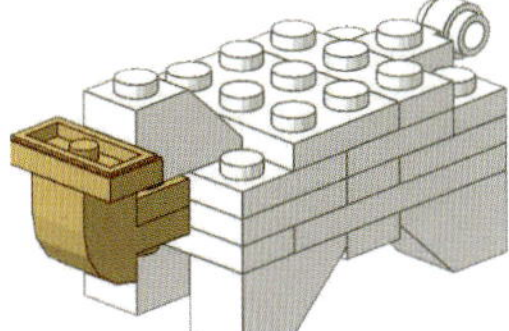

6

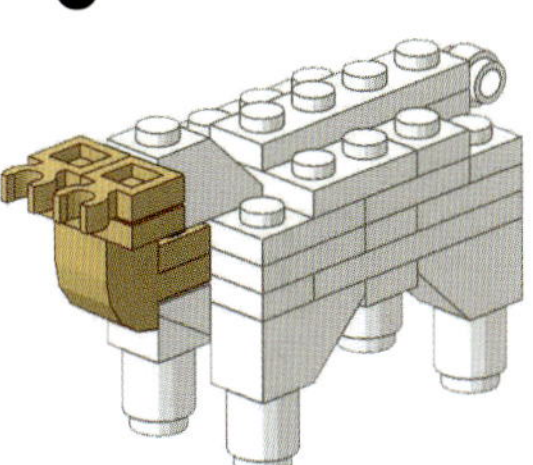

7

Schlange

Viele Menschen haben Angst vor Schlangen; eine solche Schlangenangst nennt man auch Ophidiophobie. Dies liegt vielleicht daran, dass sich die Tiere schlängend fortbewegen und mangels Augenlidern die ganze Zeit zu starren scheinen. Die lange, dünne Zunge erzeugt ein Zischeln. Es gibt rund 3000 verschiedene Schlangenarten; sie alle sind Jäger, doch nur eine von zehn Arten ist giftig. Für den Körper haben wir 1-x-4-Scharnierplatten verwendet – so kann unsere Schlange angemessen schlängeln und ihre Kurven zeigen!

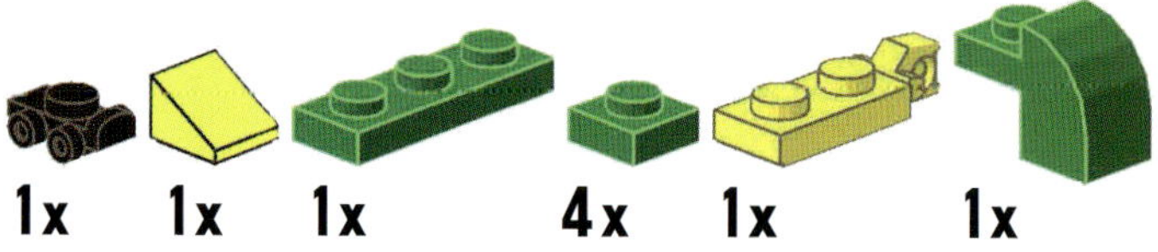

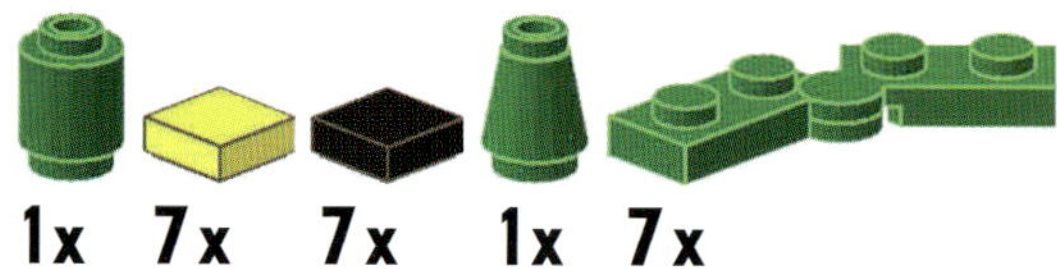

Schlange

1

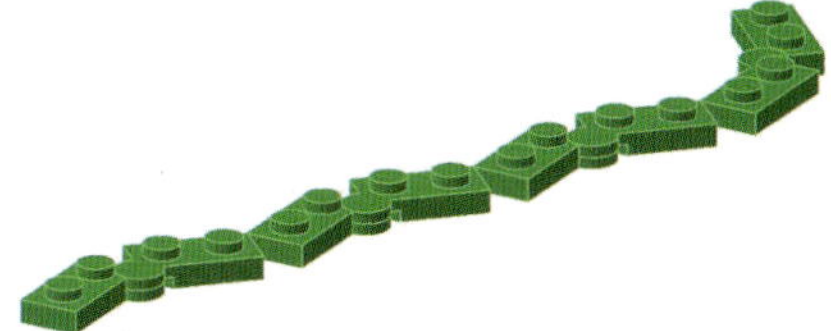

2

3

4

5

6

Katze

Die Katze ist eines der beliebtesten Haustiere überhaupt, es gibt über 70 domestizierte Arten und Züchtungen. Mit ihrem kräftigen, biegsamen Körper und den scharfen Krallen und Zähnen sind Katzen perfekt zum Fangen kleiner Beutetiere ausgestattet: Die Fleischfresser lieben es, Vögel und Mäuse zu jagen. Durch ihr ausgezeichnetes Gehör, die Nachtsichtigkeit und den hoch entwickelten Geruchssinn sind sie effektive Jäger. Und zwischendurch machen sie es sich gern auf unserem Schoß gemütlich.

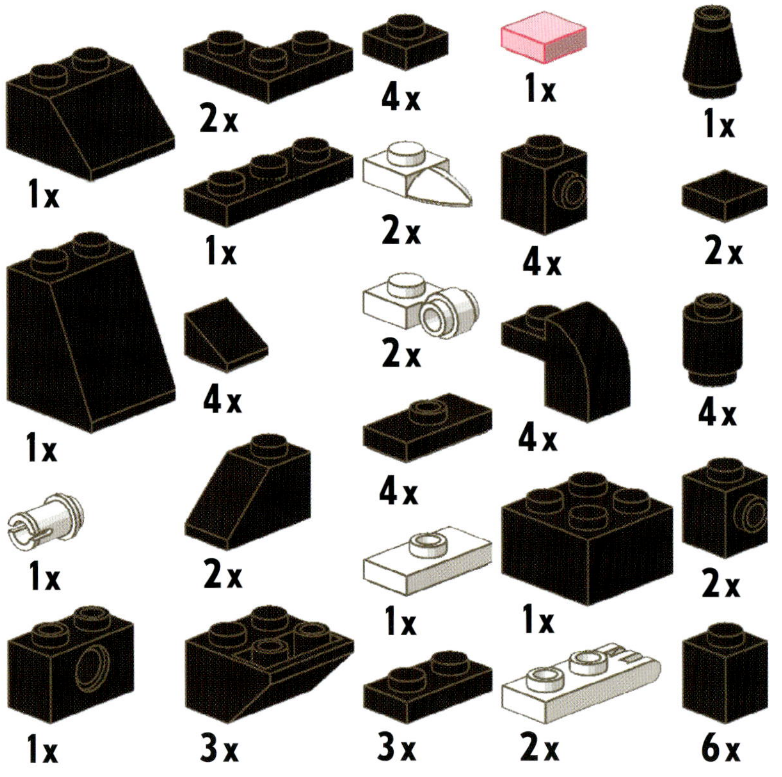

Katze

1

2

3

4

5

6

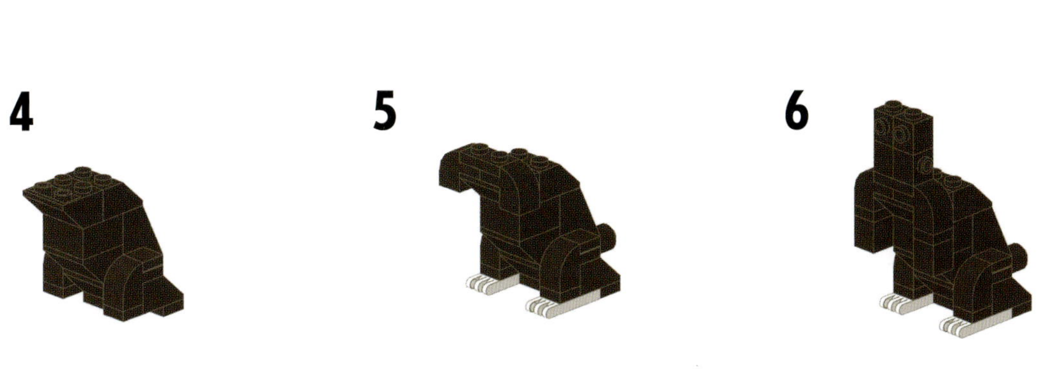

7

8

9

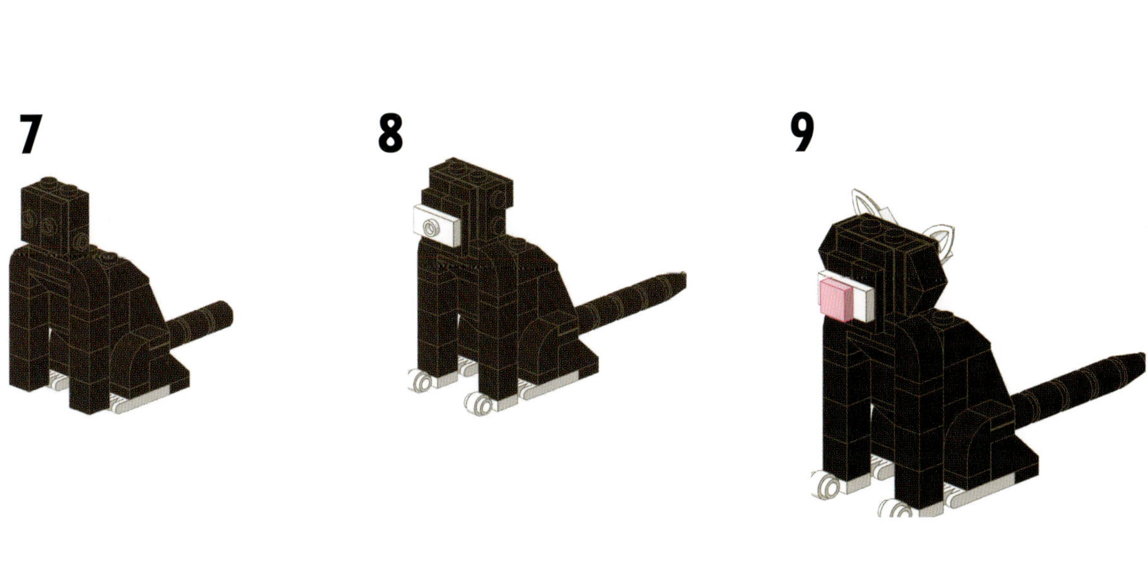

Schwein

Schweine sind Omnivoren, also Allesfresser. Viele Schweine sind domestiziert und werden des Fleischs wegen gehalten, doch leben sie als Wildschweine auch in der freien Natur. Die rosafarbenen Tiere mit ihren Ringelschwänzchen und den Schlappohren wühlen mit ihrer langen Schnauze gern im Boden nach Nahrung. Am glücklichsten sind sie, wenn sie sich im Schlamm suhlen dürfen. Die 2-x-2-Dacheckensteine mit der 65-Grad-Schräge eignen sich ideal für die Schnauze, die kreisförmige 1-x-1-Platte rundet sie ab.

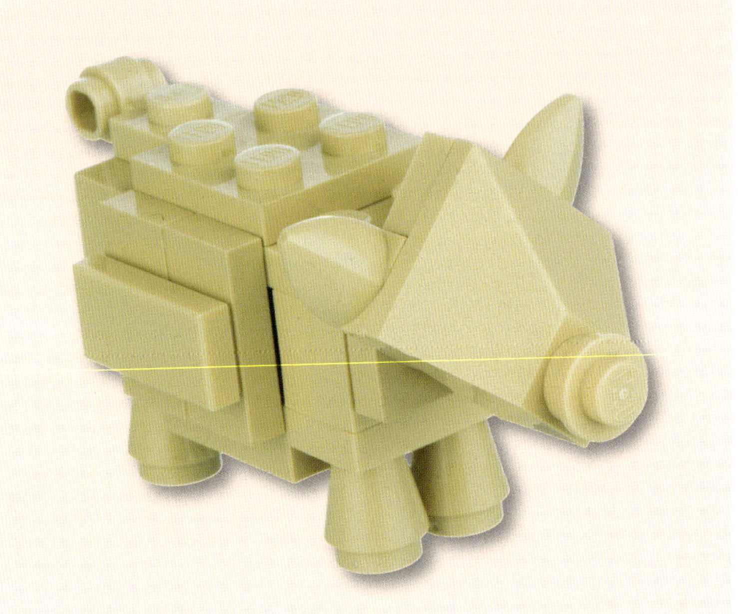

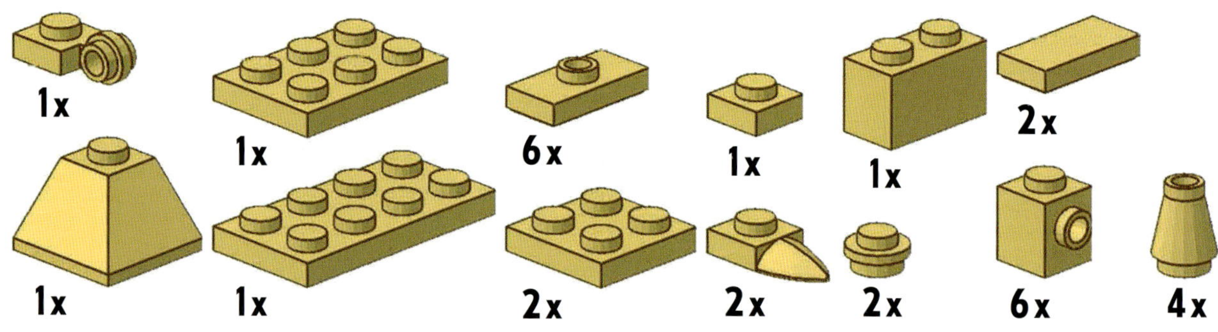

Schwein

1

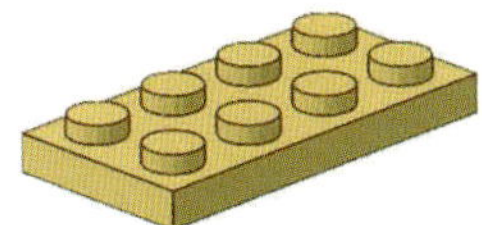

2

3

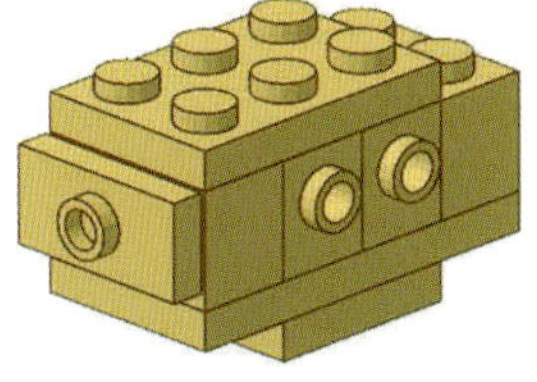

4

5

6

Schaf

Schafe sind wiederkäuende Säugetiere. Viele Arten sind domestiziert und werden ihrer Wolle wegen gehalten – einmal im Jahr werden die Tiere geschoren. Man züchtet sie auch wegen ihres Fleischs, ebenso wie Kühe; viele Züchtungen zeichnen sich durch ihr typisches Fell aus. Das ursprünglich aus Spanien stammende Merinoschaf etwa hat eine besonders feine und weiche Wolle. Für die Beine haben wir hellgraue Stifte verwendet, damit sie sich vom wollebedeckten Rumpf absetzen, die Füße bestehen aus runden 1-x-1-Fliesen.

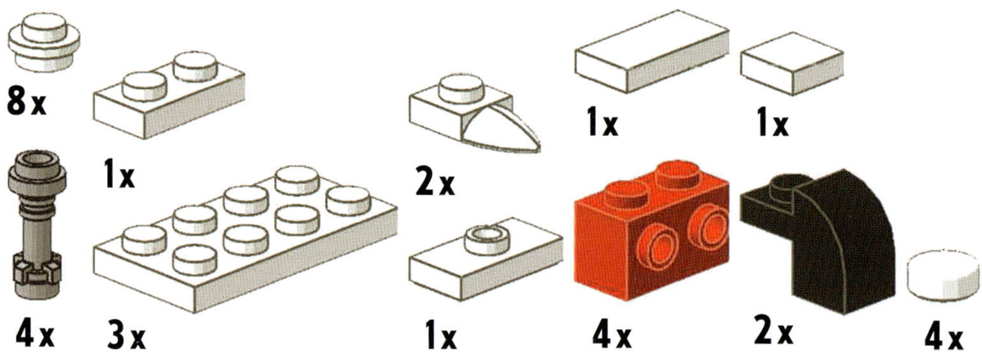

Schaf

1

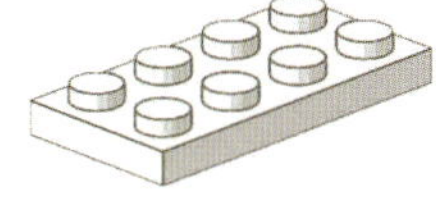

2

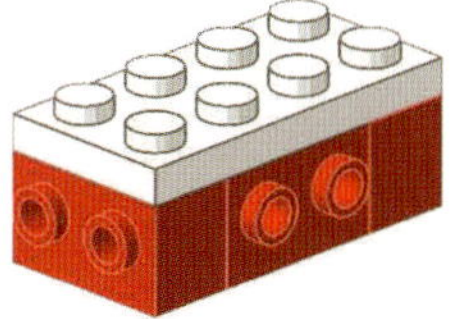

3

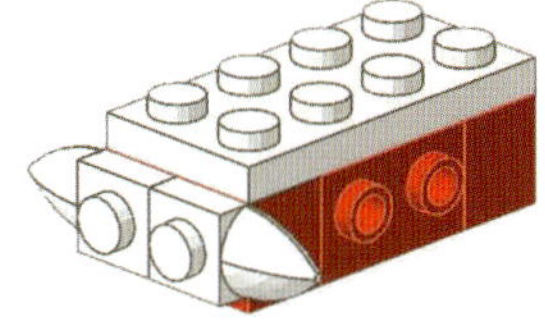

4

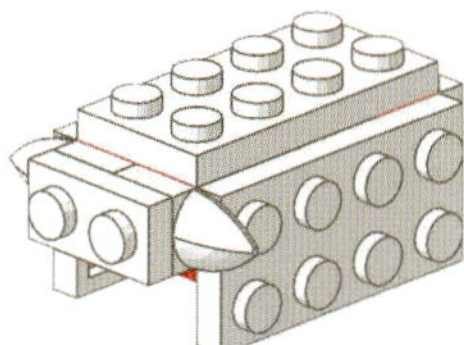

5

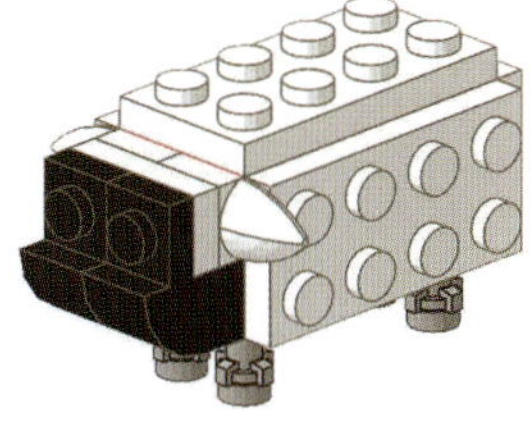

6

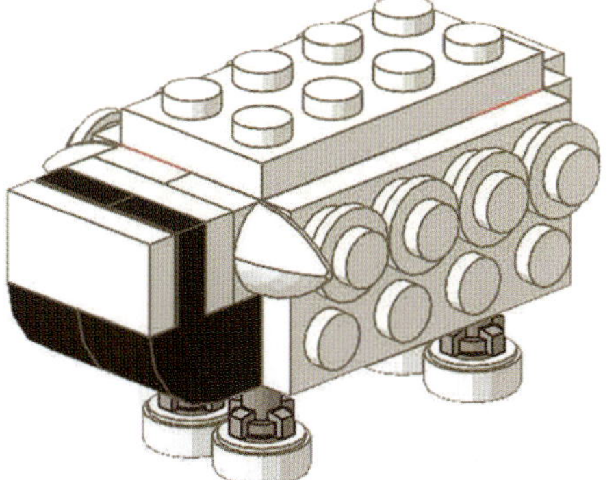

Kuh

Fast überall auf der Welt sind Kühe Nutztiere, die der Milch, des Fleisches oder der Kälber wegen gezüchtet werden. In Indien jedoch werden sie als Symbol des Lebens und als heilig verehrt und dürfen deshalb nicht getötet werden. Es gibt viele verschiedene Rinderrassen, unsere Kuh besteht aus schwarzen und weißen Steinen. Für die Schnauze haben wir einen 1-x-2-Dachstein mit 45-Grad-Schräge verwendet, der von einer rosafarbenen 1-x-1-Fliese gekrönt wird. Die Hörner stecken an einem 1-x-1-Lampenhalter.

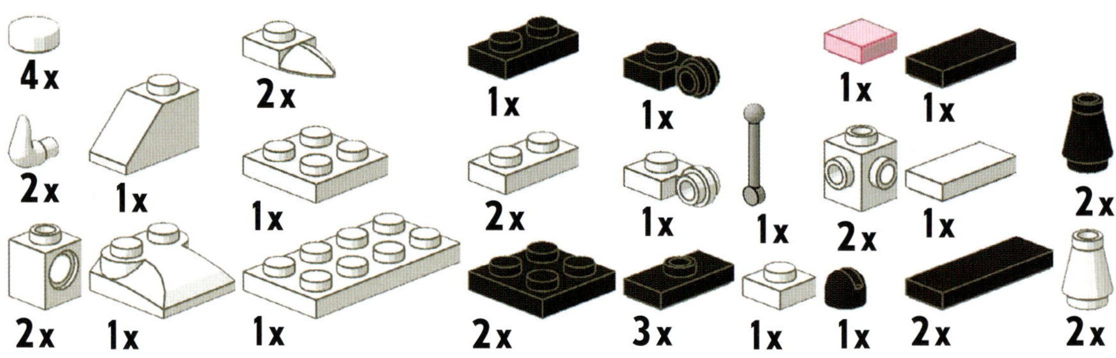

Kuh

1

2

3

4

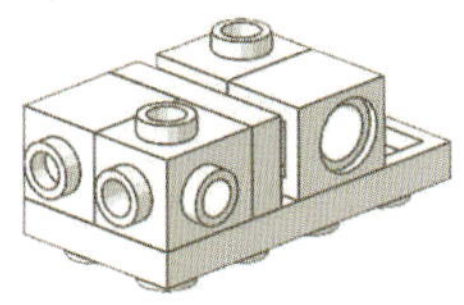

5

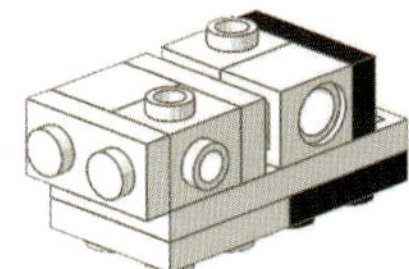

6

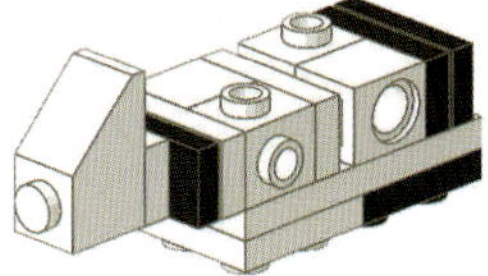

7

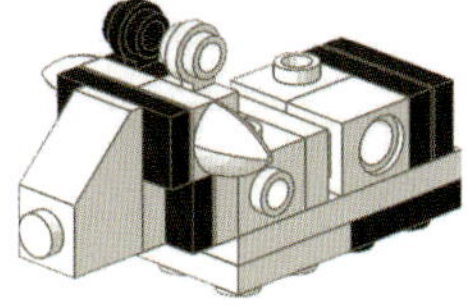

8

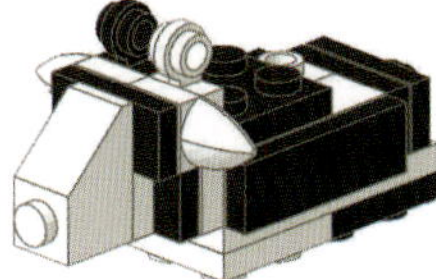

9

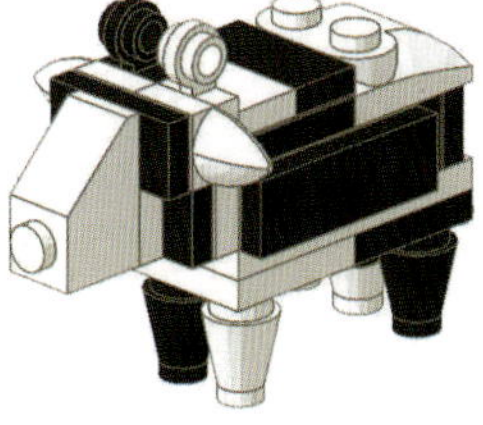

10

Storch

Störche sind große Watvögel mit langen Beinen und Hälsen. Sie haben enorme Schnäbel, aber keinen Kehlkopf, und so geben sie auch keine Laute von sich. Stattdessen kommunizieren sie untereinander mit klappernden Geräuschen. Die meisten Störche sind Zugvögel und legen riesige Distanzen zurück. Eine Kombination aus weißen 2-x-2-Dachsteinen mit 45-Grad-Schräge und schwarzen 1-x-3-Dachsteinen mit 33-Grad-Schräge bildet die Flügel und das zweifarbige Gefieder unseres Storchs.

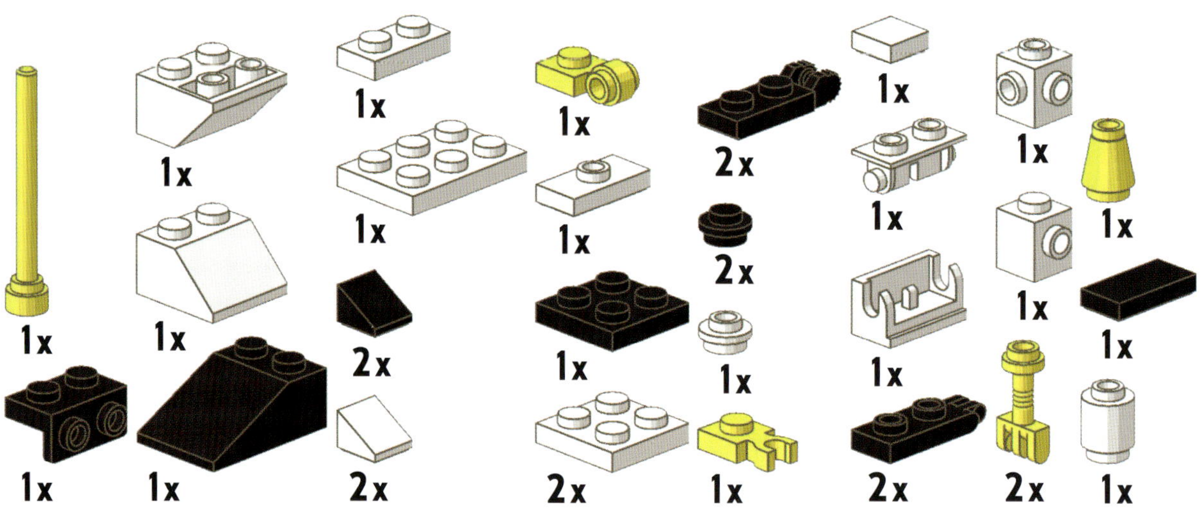

Storch

1

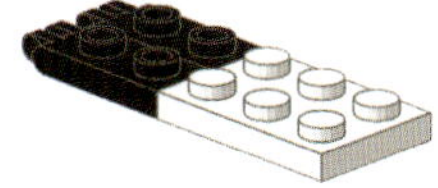

2

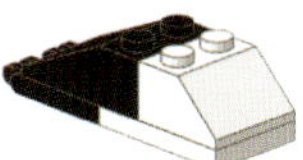

3

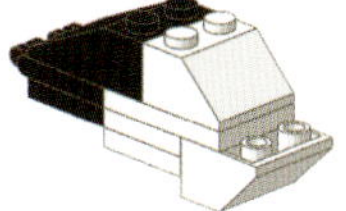

4

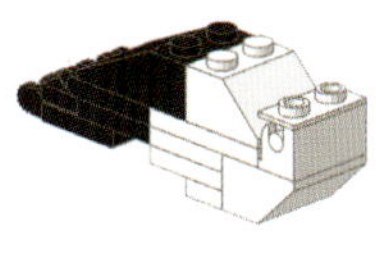

5

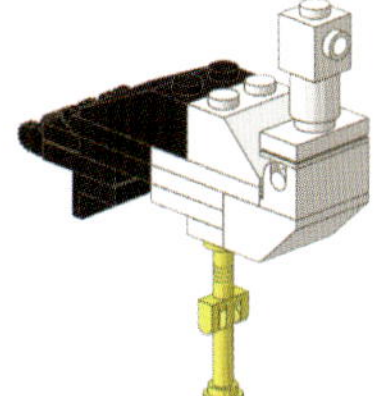

6

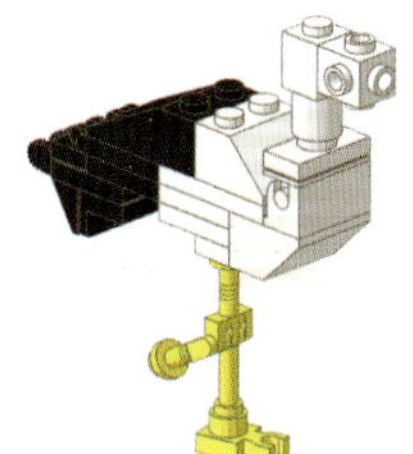

7

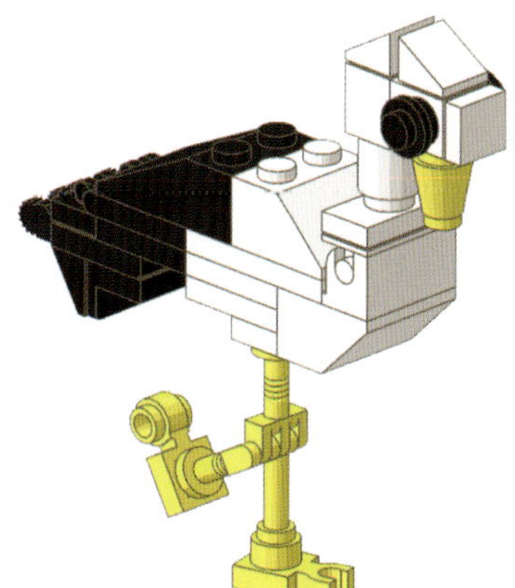

Hummer

Die Krustentiere leben am Grund der Gewässer, die sie bewohnen. Sie sind nachtaktiv, fressen kleine Fische und Algen und besitzen neben fünf Beinpaaren auch zwei große Scheren. Die Weibchen sind mit fünf Jahren geschlechtsreif und legen bis zu 3000 Eier auf einmal. Für die Fühler eignen sich lange Antennenbauteile, für die Beine ohne Schere kleine Zapfen. Für den in Segmente unterteilten Rückenpanzer haben wir die Giebelsteine von Dächern mit 45-Grad-Schräge verwendet.

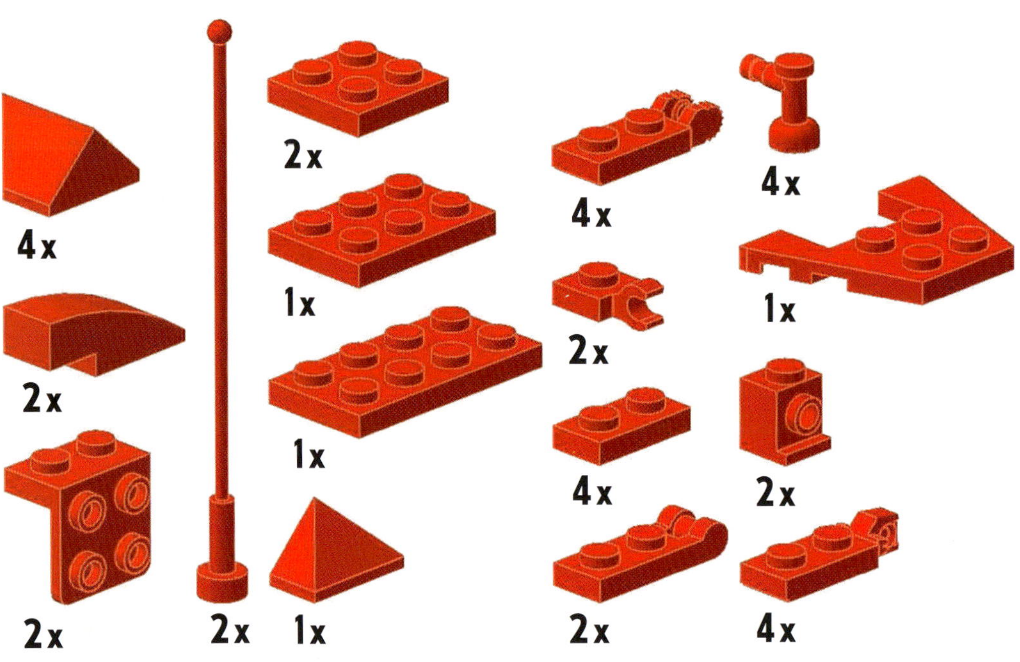

Hummer

1

2

3

4

5

6

7

8

9

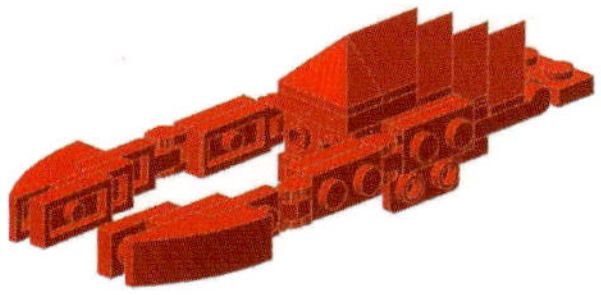

10

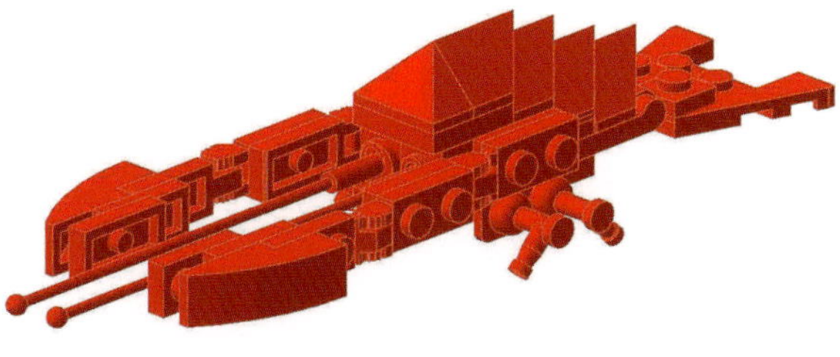

Frosch

Frösche zählen zu den Amphibien, d. h. dass sie sowohl an Land als auch im Wasser leben und sich in beiden Lebensräumen gut fortbewegen können. Sie kommen im Wasser zur Welt und entwickeln sich aus Eiern, dem Laich, über Kaulquappen zu Fröschen. Die meisten Frösche fressen Insekten oder Würmer, manche aber auch andere Frösche, Nagetiere und Reptilien. Unser Frosch ist LEGO®-grün mit Tupfern von Dunkelgrün, die Hinterbeine bestehen aus verschiedenen Schrägsteinen.

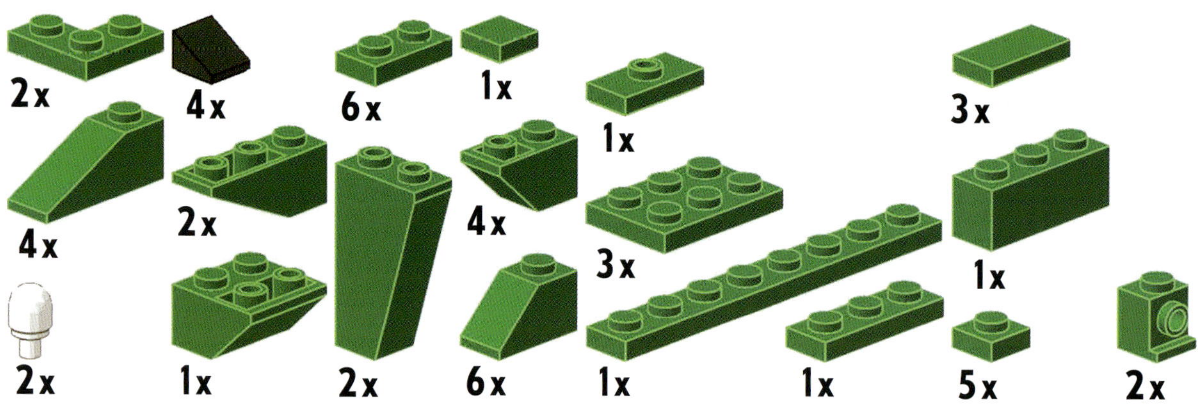

Frosch

1

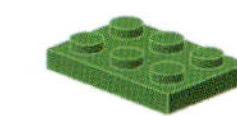

2

3

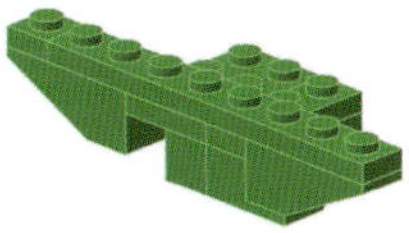

4

5

6

7

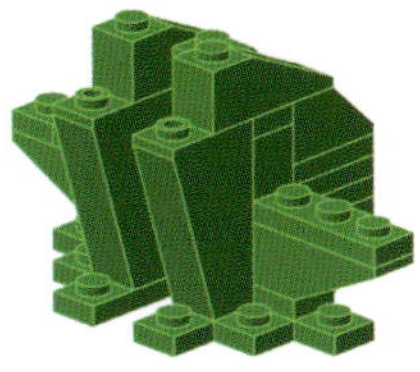

8

9

10

11

Truthahn

Truthähne sind in Nord- und Südamerika heimisch. Die Männchen sind schwerer als die Weibchen und besitzen einen auffälligen Kehllappen, der vom oberen Teil des Schnabels herabhängt. In den USA ist Truthahn das traditionelle Erntedankgericht, in Großbritannien isst man ihn zu Weihnachten. Unser Truthahn hat die typische Blau- und Rotfärbung an Kopf und Kehllappen. Der Schwanz besteht aus 2-x-2- und 3-x-3-Satschüsseln, die an seinem hinteren Ende festgesteckt sind.

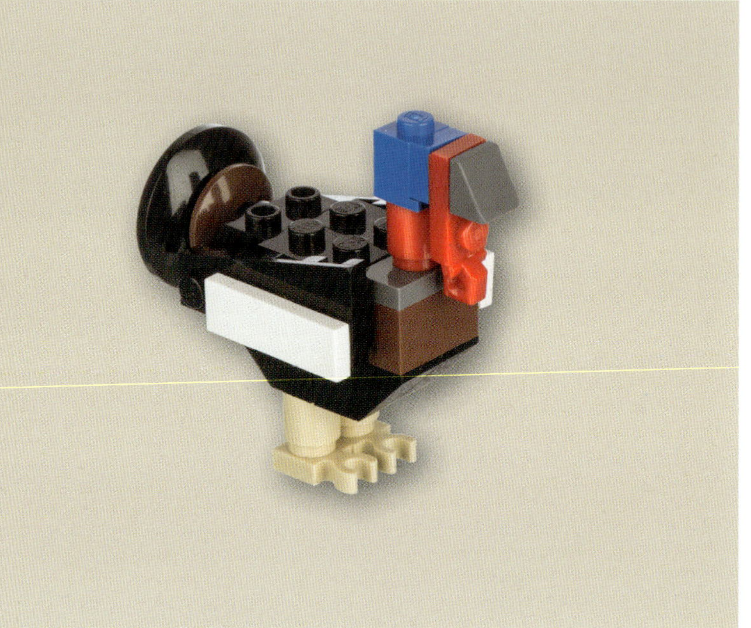

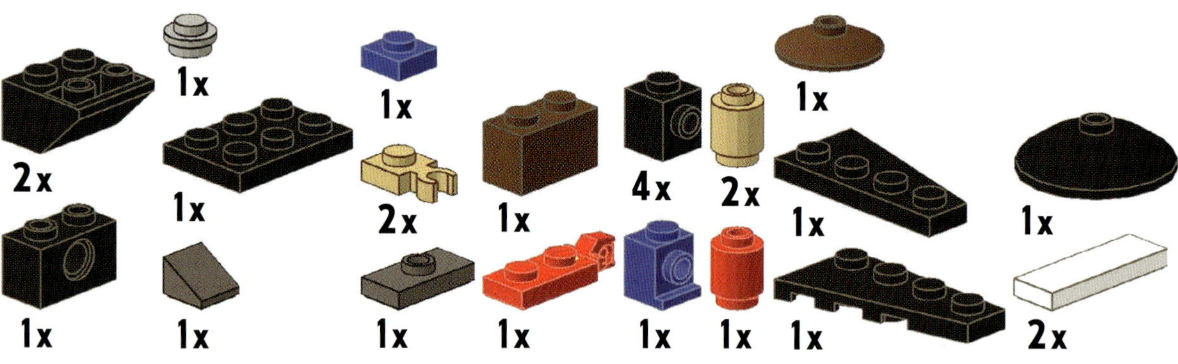

Truthahn

1

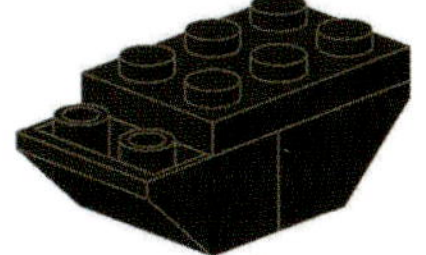

2

3

4

5

6

Hai

In Steven Spielbergs *Der weiße Hai* werden Haie als Monster dargestellt, doch obwohl sie ab und zu Menschen angreifen, sind die meisten Arten harmlos. Haie erkennt man an den Kiemenspalten seitlich am Kopf und der dreieckigen Rückenflosse, die manchmal aus dem Wasser ragt. Für die Flossen haben wir 3-x-3-Platten mit 45-Grad-Schräge verwendet. Der Schwanz besteht aus einem 2-x-2-x-2-Kegel und verschiedenen Schrägen. Die rote Achse wird in Schritt 4 hinten aufgesteckt, der Kegel daraufgesetzt (Schritt 5).

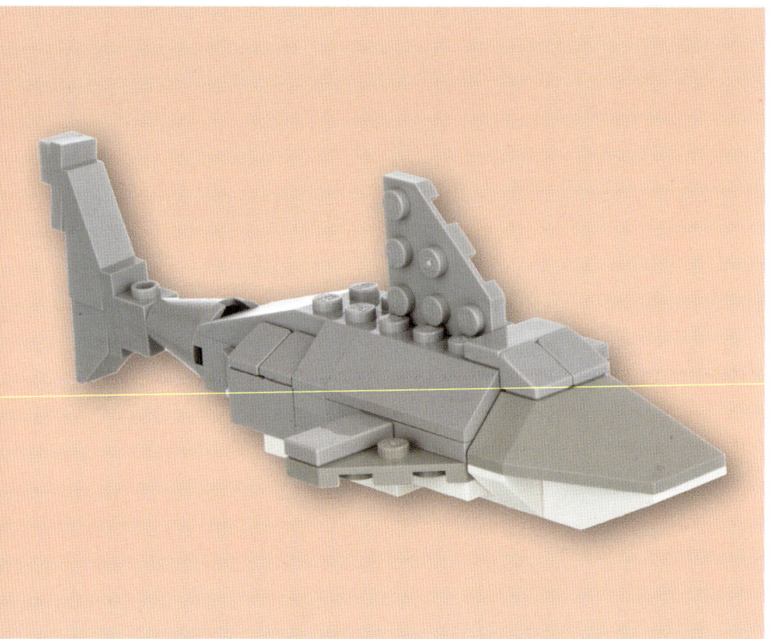

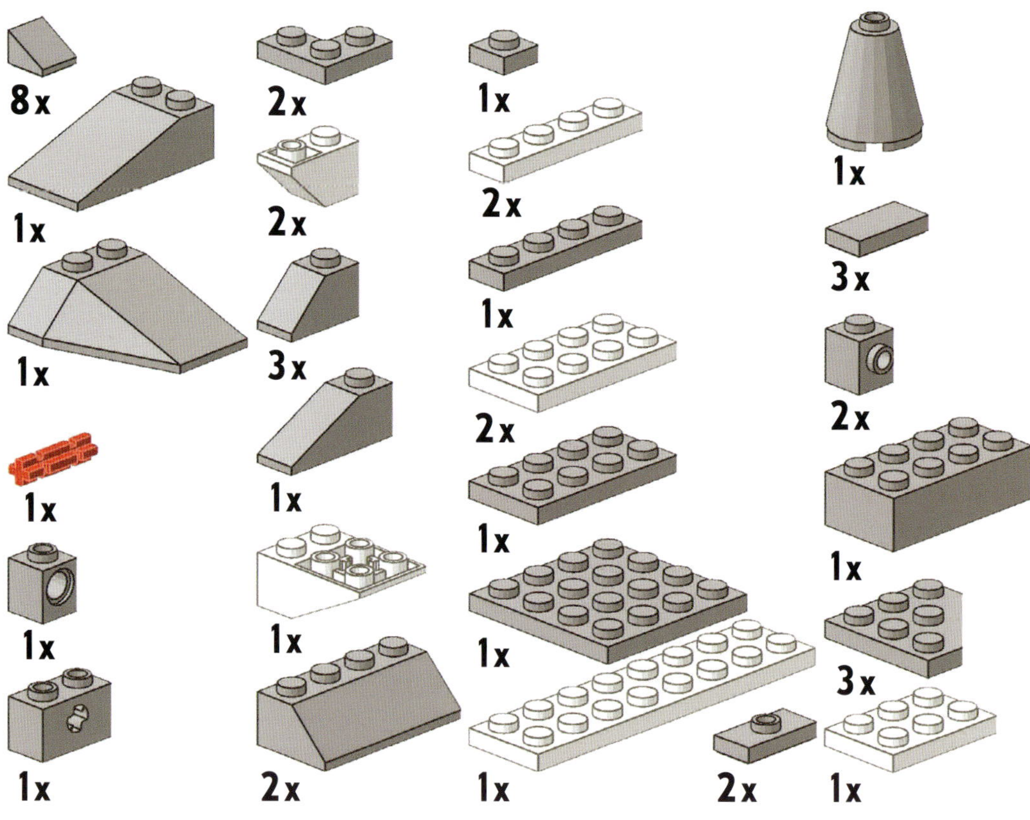

Hai

1

2

3

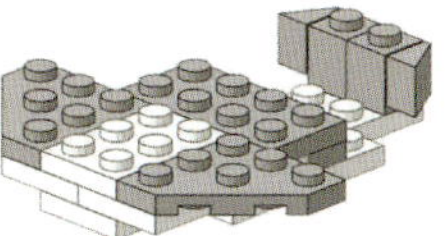

4

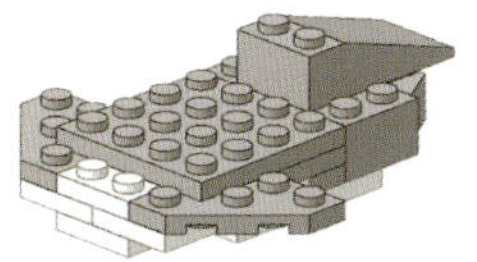

5

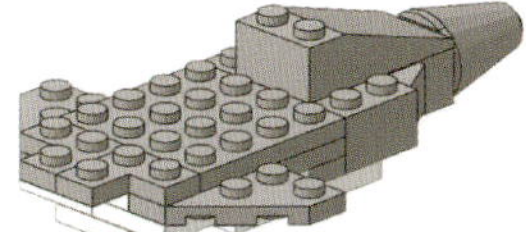

6

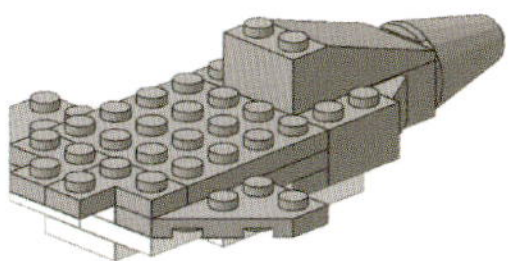

7

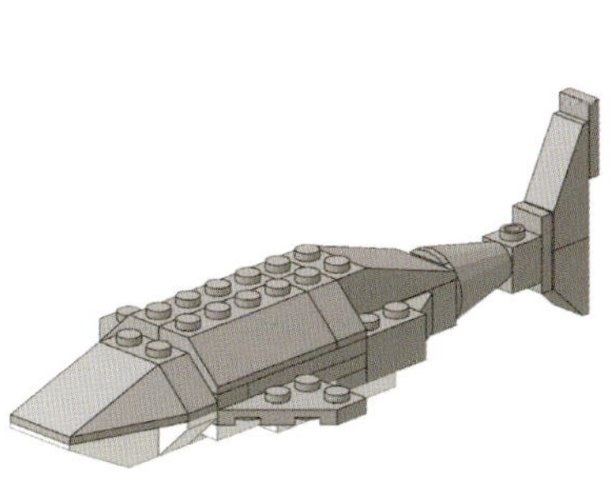

8

Pferd

Pferde sind auf der ganzen Welt verbreitet; der Mensch benutzt sie seit Jahrhunderten für alle möglichen Zwecke. Vor der Mechanisierung der Fahrzeuge arbeiteten Pferde in der Landwirtschaft und im Transportwesen – daher kommt auch der Ausdruck »Pferdestärken«, kurz: PS, für Autos. Heute reitet man Pferde zum Freizeitvergnügen, sie werden im Tourismus und im Sport eingesetzt. Für Schultern, Flanken und Hals haben wir verschiedene Schrägsteine verwendet, für Ohren und Füße 1-x-1-Platten mit Zahn.

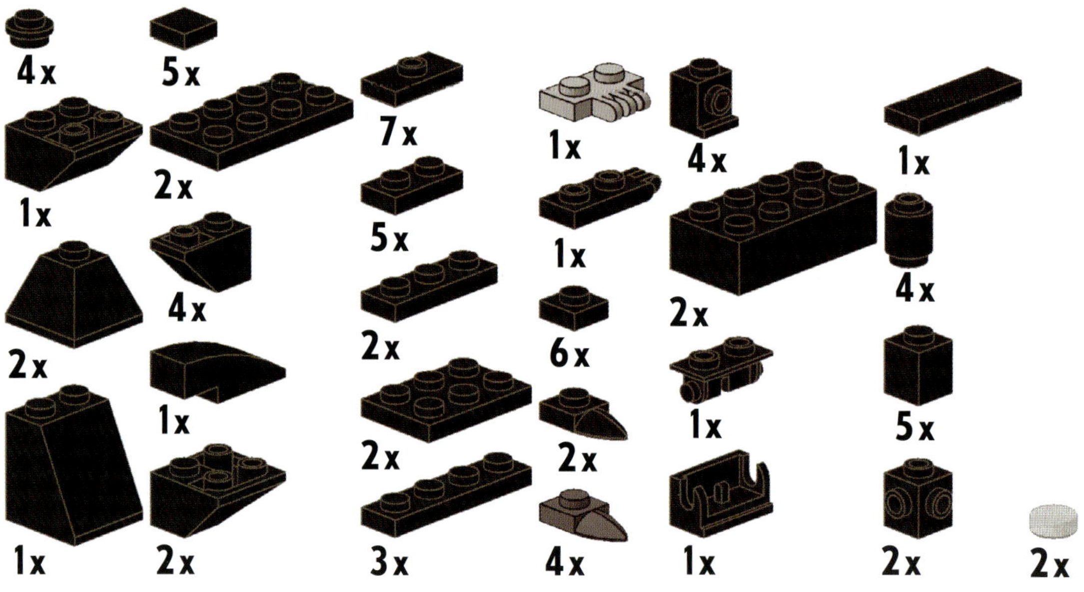

Pferd

1

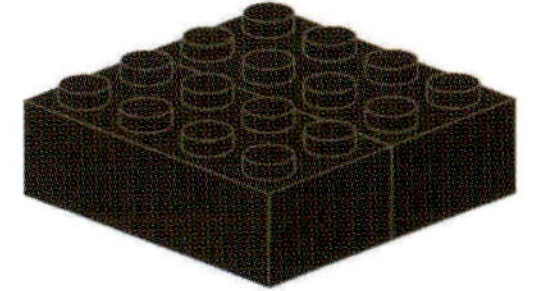

2

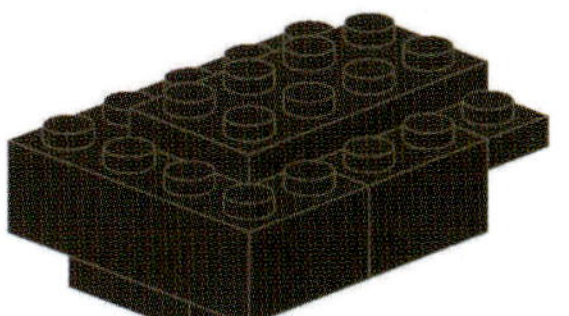

3

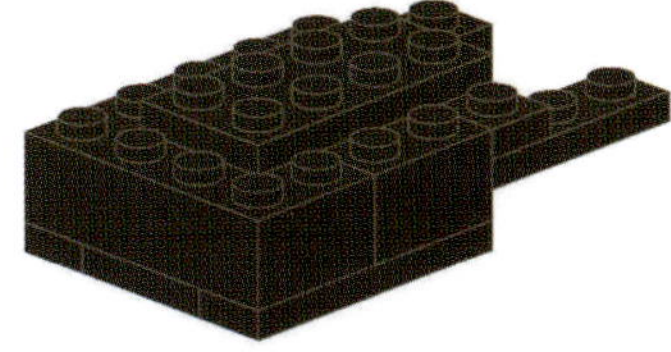

4

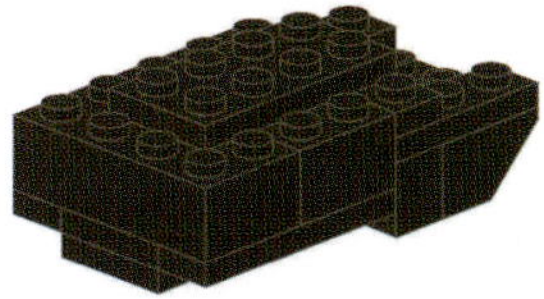

5

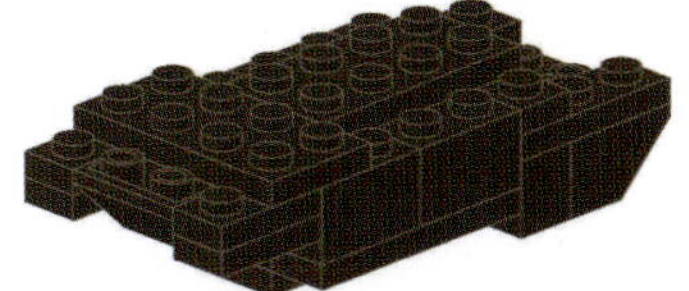

6

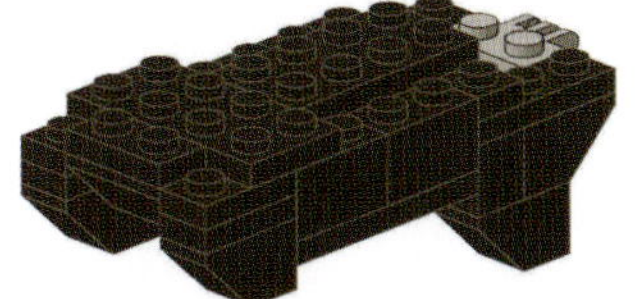

7

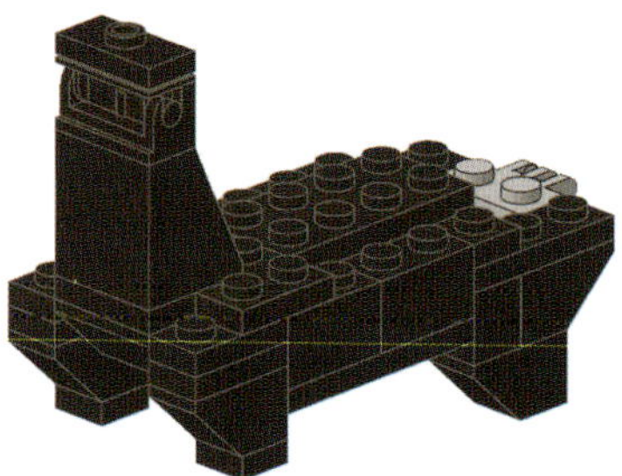

8

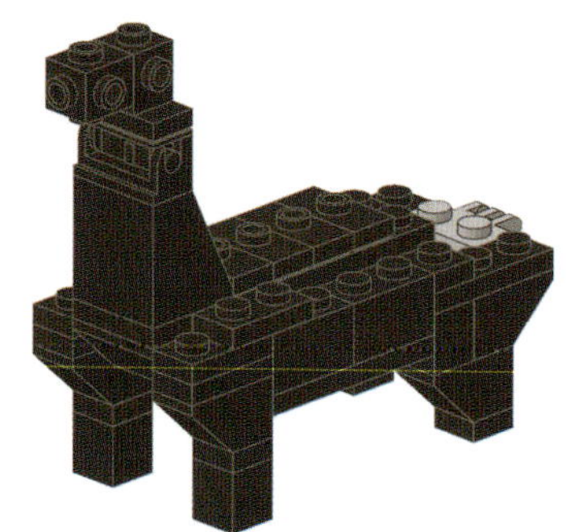

9

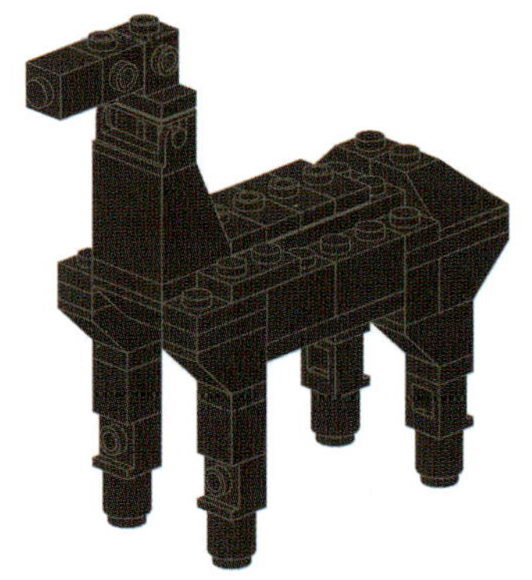

10

11

12

Giraffe

Giraffen sind die höchsten Säugetiere der Welt, sie werden häufig über 5,50 Meter groß. Und trotz ihrer Größe können sie bei Bedarf sehr schnell laufen. Die langen Hälse haben sie entwickelt, um bequem an ihre Nahrung heranzukommen. Für die »knotigen« Beine eignen sich LEGO®-Miniaturköpfe ideal. Wenn ihr eure Giraffe bastelt, solltet ihr euch nicht allzu viele Gedanken um braune und gelbe Steine machen: Das Muster jeder Giraffe ist einzigartig.

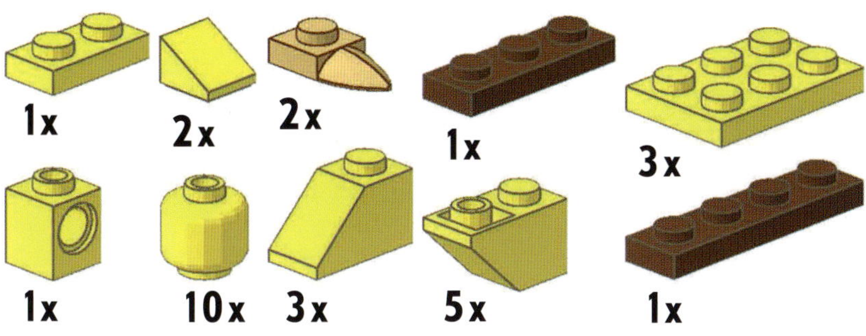

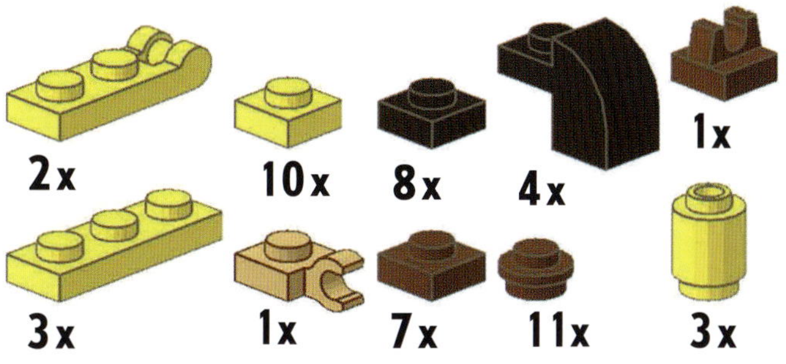

Giraffe

1

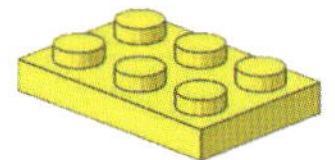

2

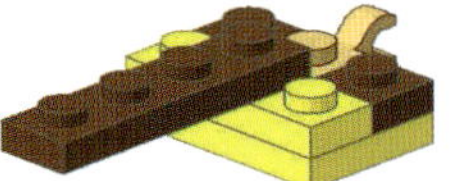

3

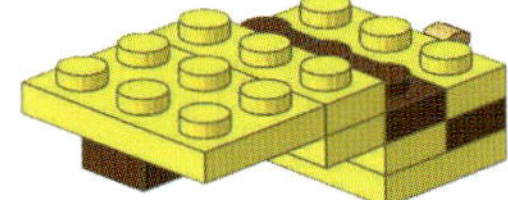

4

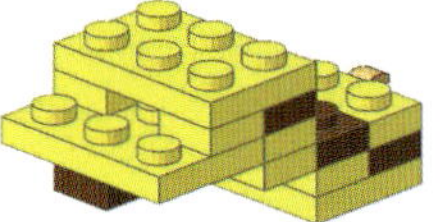

5

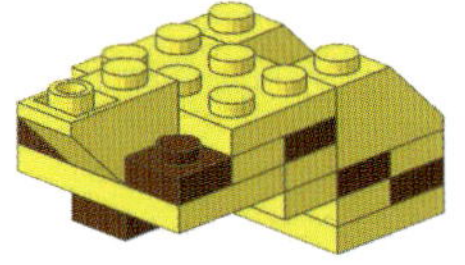

6

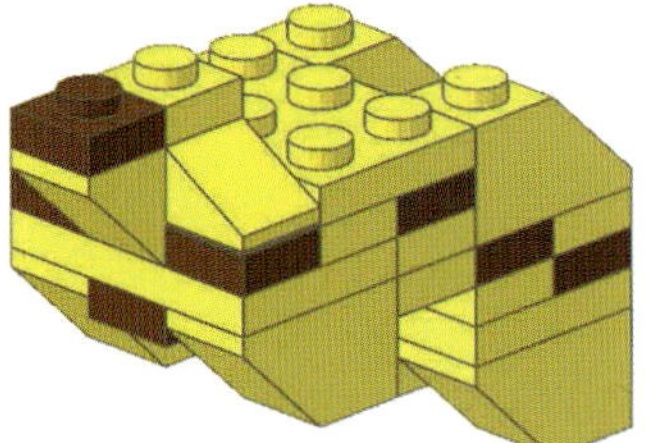

7

8

9

10

11

Kamel

Das auffälligste Merkmal des Kamels ist sein Höcker – manche haben nur einen, manche zwei. Entgegen der landläufigen Meinung sind diese nicht mit Wasser gefüllt; sie bestehen vielmehr aus Fett, was es dem Wüstentier ermöglicht, tagelang ohne Nahrung auszukommen. Die kurvige Gestalt des einhöckrigen Kamels oder Dromedars haben wir mit sowohl normalen als auch inversen 45-Grad-Schrägsteinen nachgebildet.

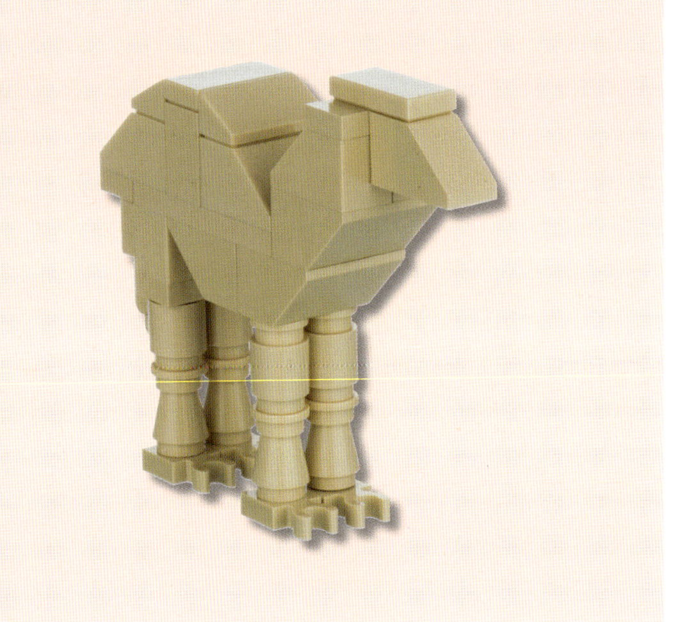

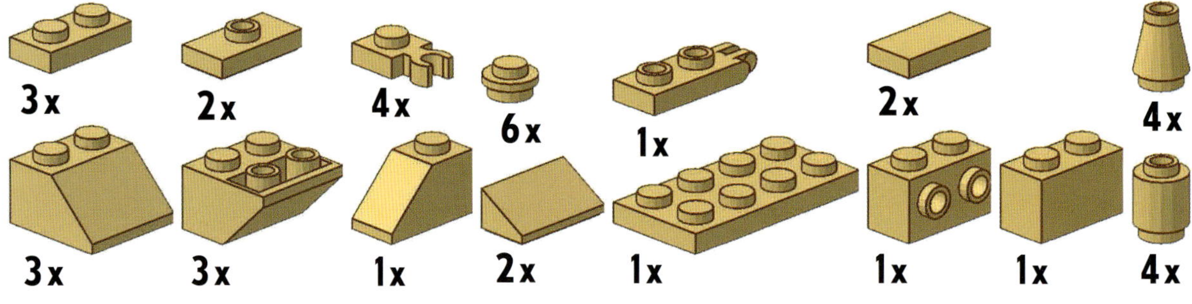

Kamel

1

2

3

4

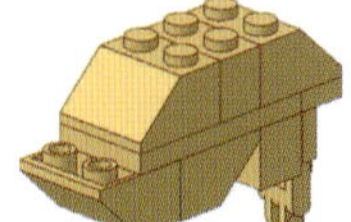

5

6

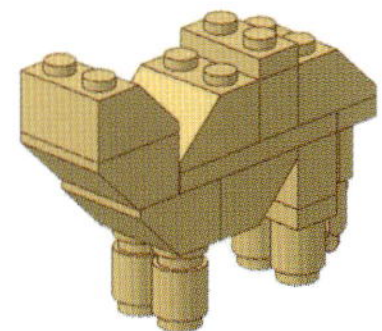

7

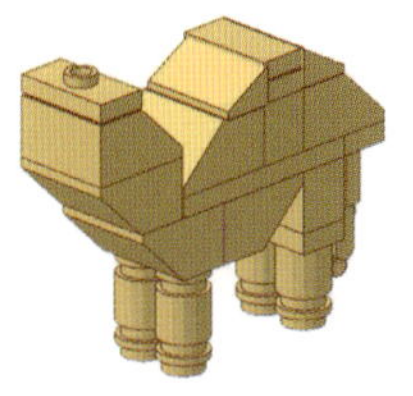

8

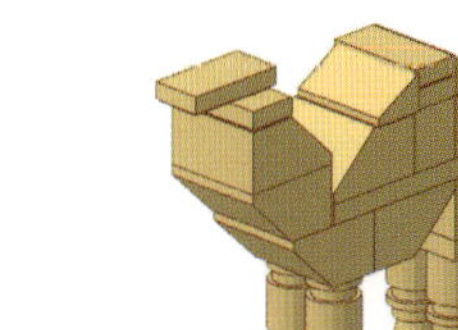

9

Schwan

Die eleganten Schwimmer, die so graziös über das Wasser gleiten und dabei doch in der Lage sind, uns einen Arm zu brechen, wenn wir ihnen zu nahe kommen, gehören zu den größten Wasservogelarten überhaupt. Sie paaren sich fürs Leben und ziehen ihre Jungen gemeinsam auf. Schwanenküken haben in den ersten beiden Lebensjahren ein gesprenkeltes, braunes oder graues Gefieder. Kopf und Schnabel unseres Schwans bestehen aus einer 1-x-1-Platte mit Zahn, einer schwarzen Fliese und einem 1-x-2-Halbbogenstein.

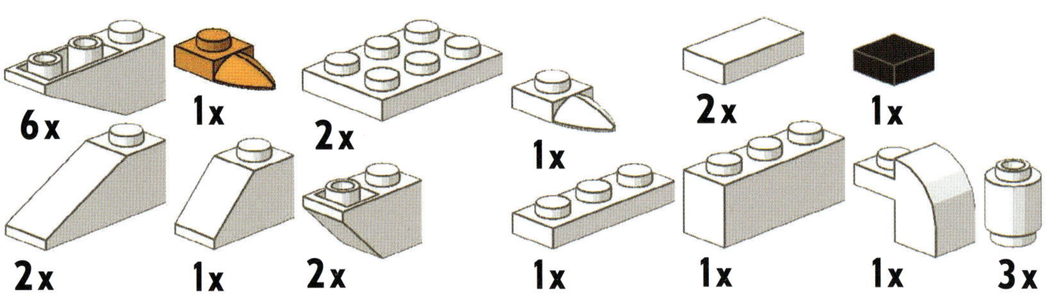

Schwan

1

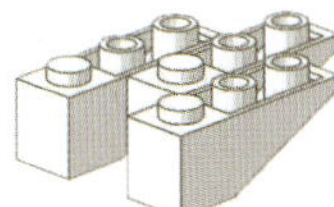

2

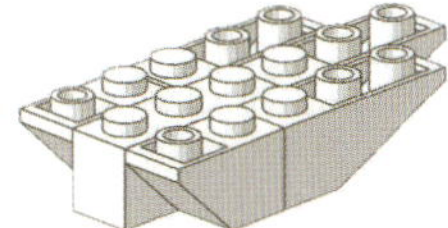

3

4

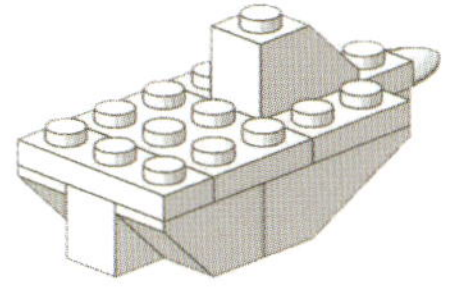

5

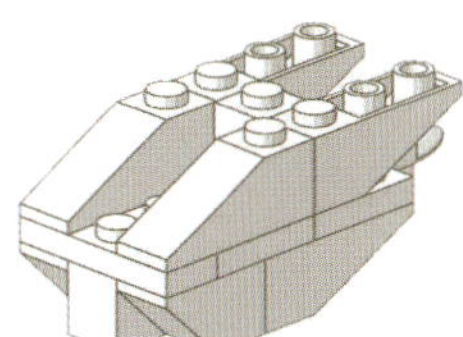

6

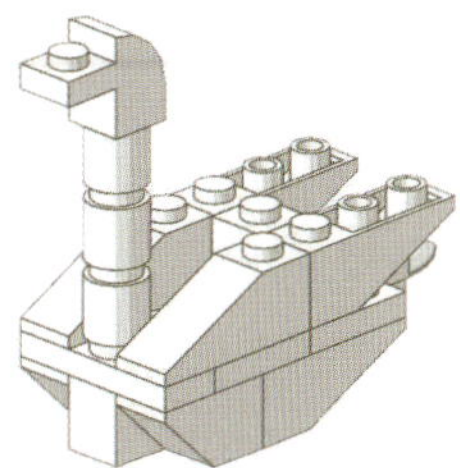

7

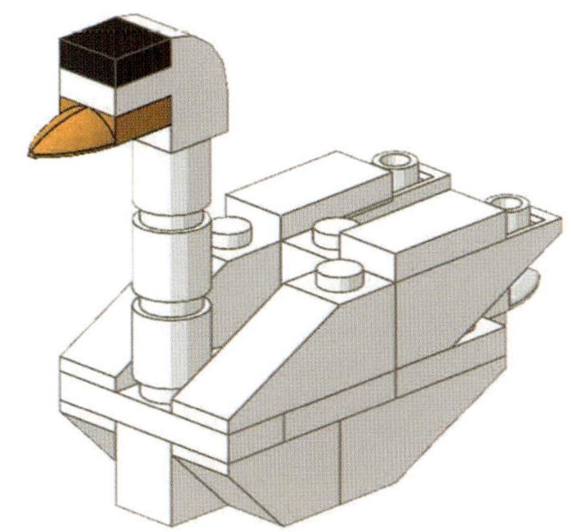

Krebs

Krebse gehören zu den Krustentieren, ihr harter Panzer schützt den weichen Körper darunter. Die häufig an der Küste vorkommenden Tiere sind Allesfresser, die ihre Umgebung nach Nahrung absuchen. An ihren Vorderbeinen befinden sich Scheren, mit denen sie fressen, sich verteidigen und Beute fangen. Krebse bewegen sich seitwärts über den Strand oder den Meeresboden fort. Für die Augen haben wir kleine Hebel samt Basis verwendet, denn damit können sie tatsächlich in alle Richtungen blicken!

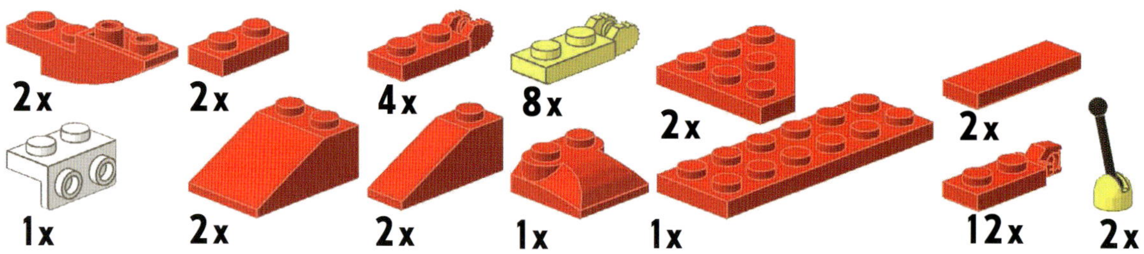

Krebs

1

2

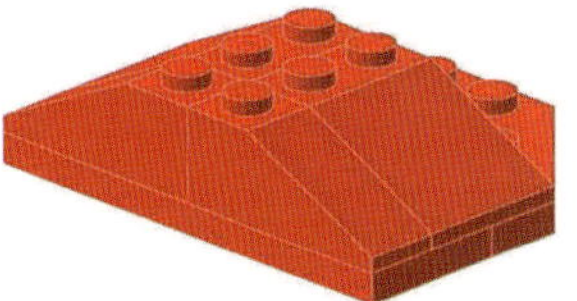

3

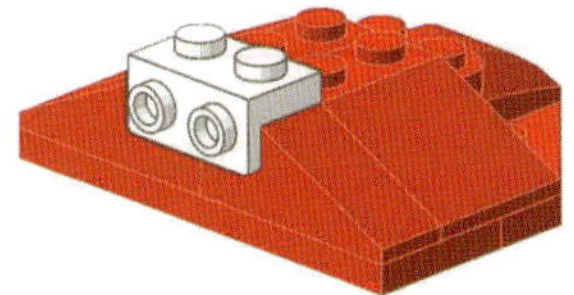

4

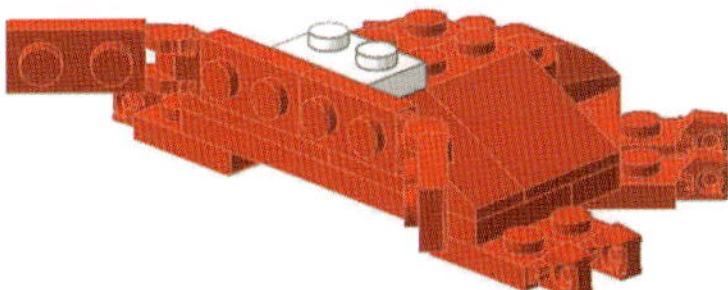

5

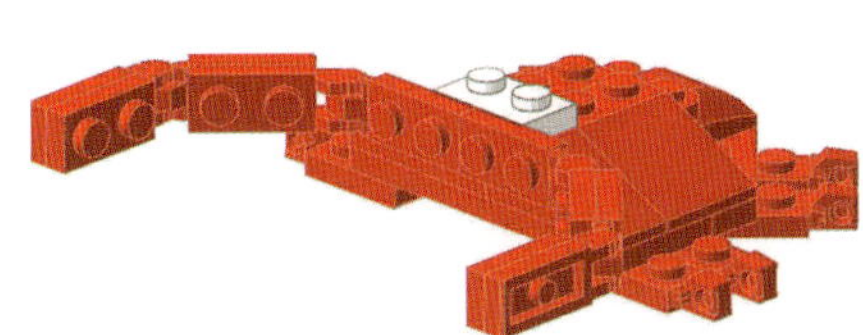

6

Biber

Biber sind die zweitgrößten Nagetiere der Welt und in Nordamerika, Europa und Asien heimisch. Die hart schuftenden Tiere benutzen ihre fellgesäumten Lippen, um Holz zu bearbeiten – selbst unter Wasser! Mit ihren riesigen, vorstehenden Nagezähnen verschaffen sie sich Holz zum Bau ihrer Biberburgen. Für die zarten Finger der Biberpfoten haben wir einige ältere Teile – 1-x-2-Platten mit Fingergelenk – verwendet, das Grau des Schwanzes setzt sich deutlich vom Braun des Fells ab.

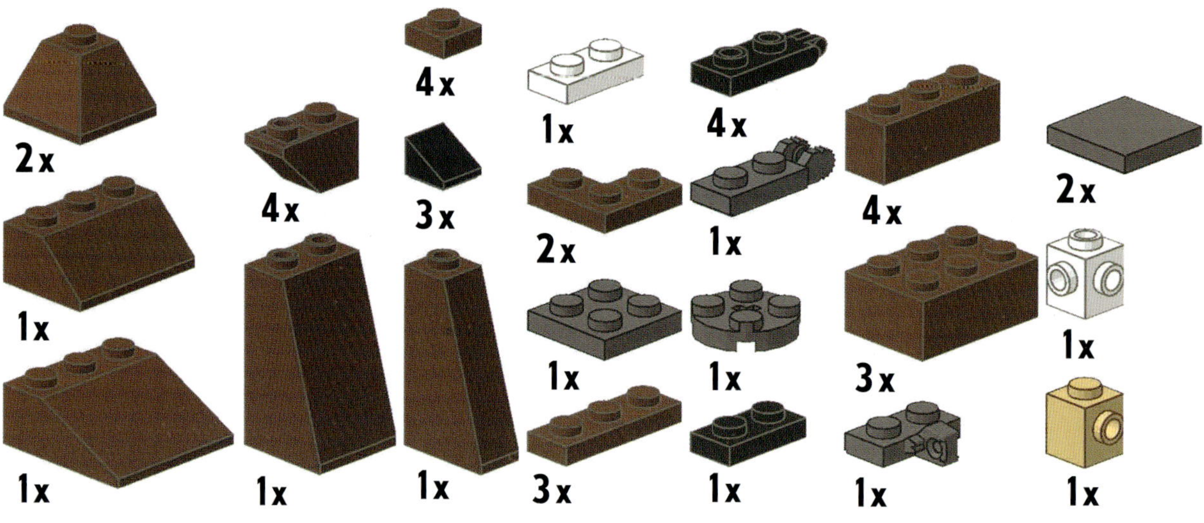

Biber

1

2

3

4

5

6

7

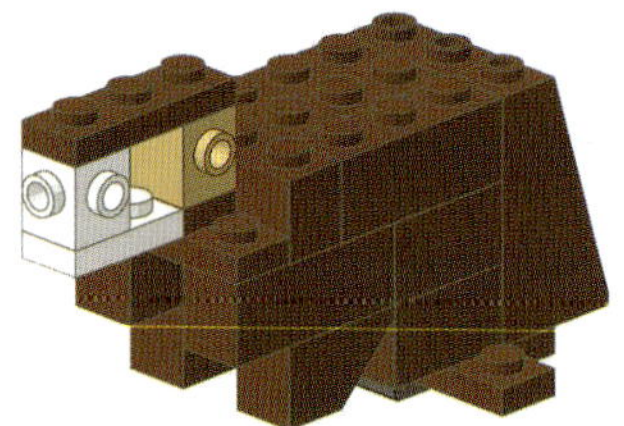

8

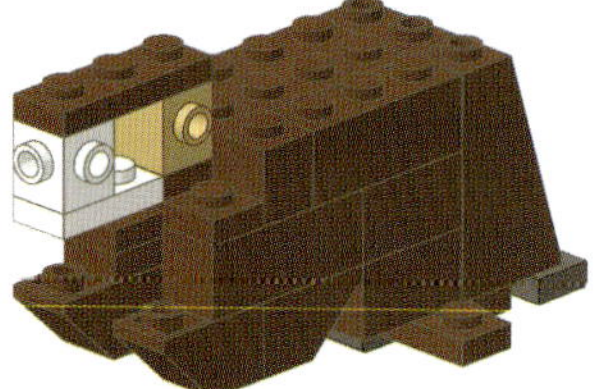

9

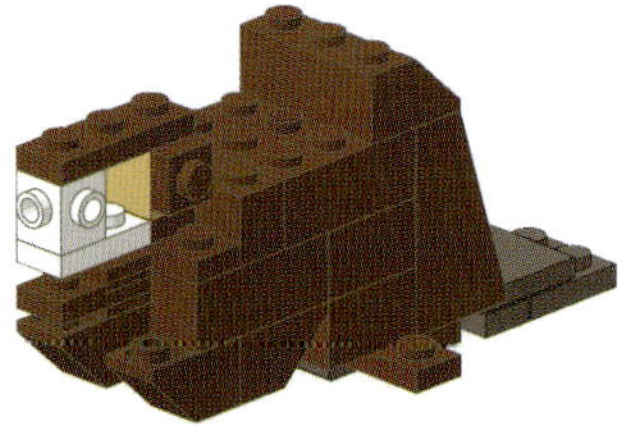

10

11

Antilope

Antilopen sind Weidetiere und nah mit Kühen, Schafen und Ziegen verwandt. Die Männchen tragen hohle Hörner, die zwischen kurzen, dornähnlichen und langen, korkenzieherähnlichen Gebilden variieren. Die Tiere verbringen die meiste Zeit des Tages wiederkäuend. Diejenigen, die auf Hochebenen leben, sind oft größer und bewegen sich etwas langsamer als Tiere aus einem begrenzteren Lebensraum. Diese fliehen, sobald sich ein Raubtier nähert.

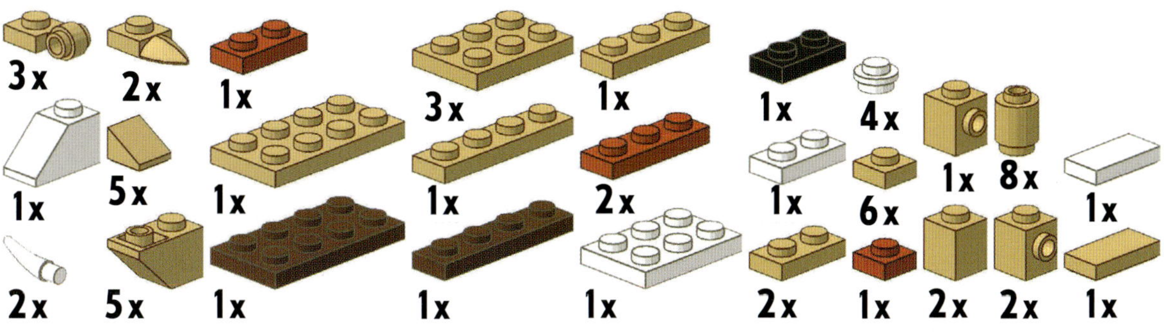

Antilope

1

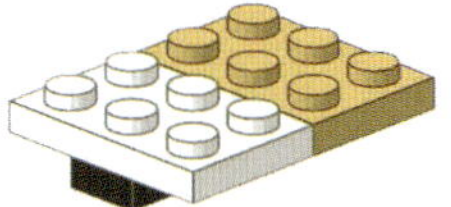

2

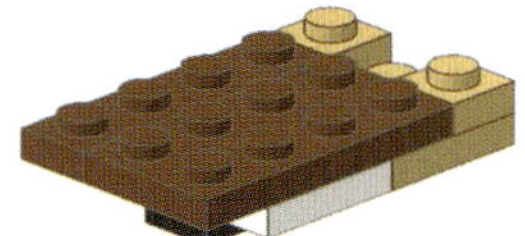

3

4

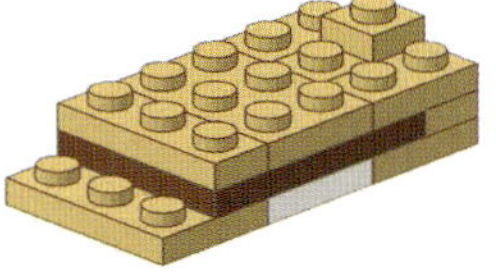

5

6

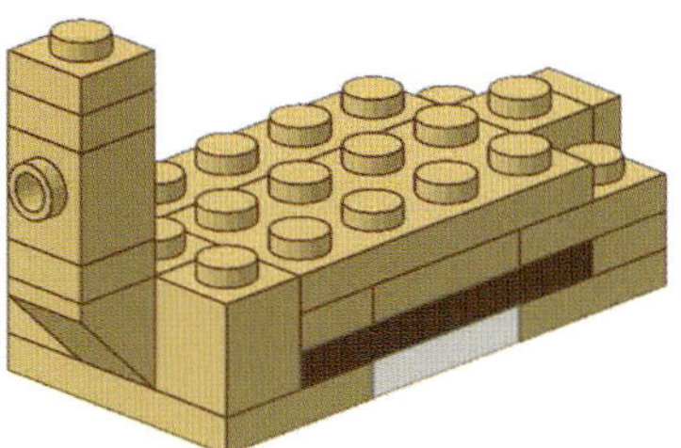

7

8

9

10

Warzenschwein

Warzenschweine sind in Afrika beheimatet und verdanken ihren Namen den »Warzen« in ihrem Gesicht. Die Vegetarier benutzen die Hauer an Ober- und Unterkiefer nur zur Verteidigung. Den langen, dünnen Schwanz ziert eine Quaste. Für Schnauze und Hauer haben wir eine Kombination aus 1-x-1-Steinen mit 4 Noppen, 1-x-1-Platten mit Clip und Hörnern verwendet. Ohren und Hufe bestehen aus 1-x-2-Platten mit Zahn und 1-x-1-Rundplatten.

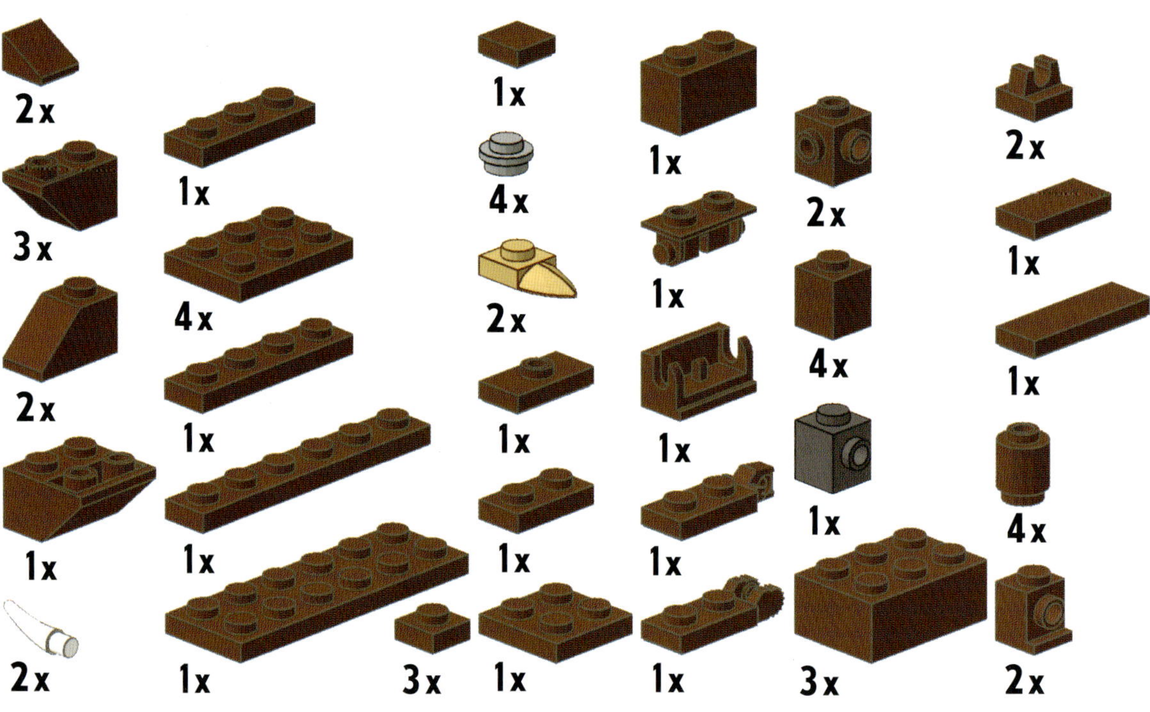

Warzenschwein

1

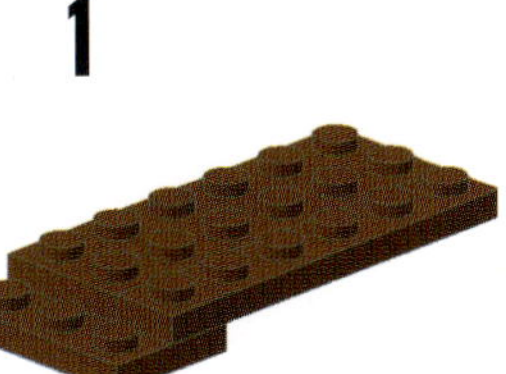

2

3

4

5

6

7

8

9

Maus

Quiek! Obwohl sie so klein ist, haben viele Menschen Angst vor Mäusen, vielleicht weil sie so schnell huschen und alles annagen. Mäuse haben lange, fast haarlose Schwänze, große Ohren, spitze Nasen und kleine, scharfe Krallen. Für die Nase haben wir einen 2-x-2-x-3-Kegel verwendet und ihn mit einer runden 1-x-1-Fliese in Rosa gekrönt. Umgedrehte 3-x-3-Satschüsseln mit 2-x-2-Rundplatten darin dienen als Ohren. Der Körper besteht aus mehreren 1-x-2-Dachsteinen mit 45-Grad-Schräge.

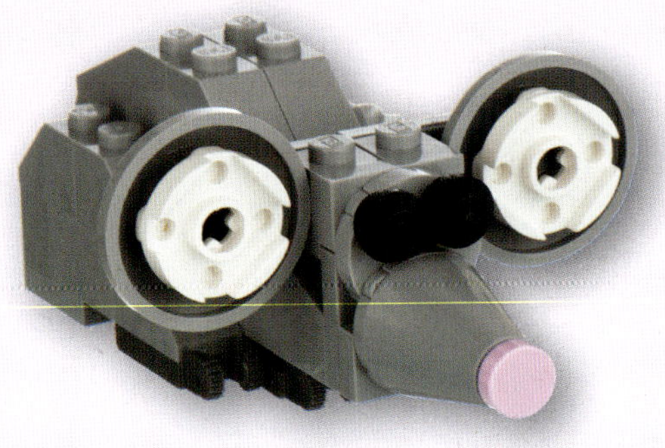

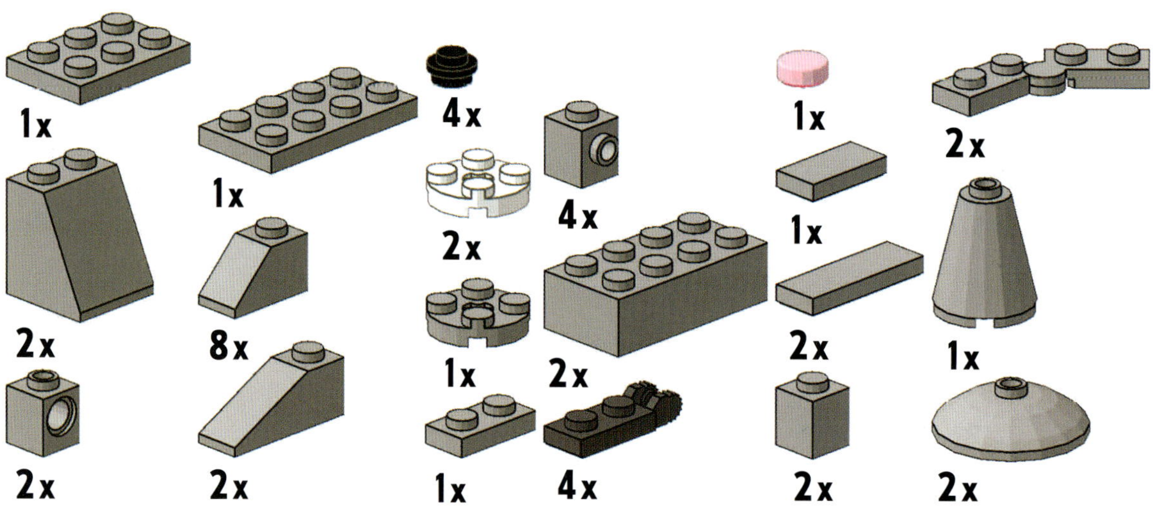

Maus

1

2

3

4

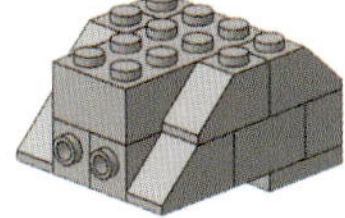

5

6

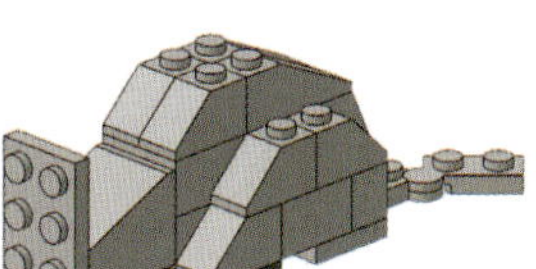

7

8

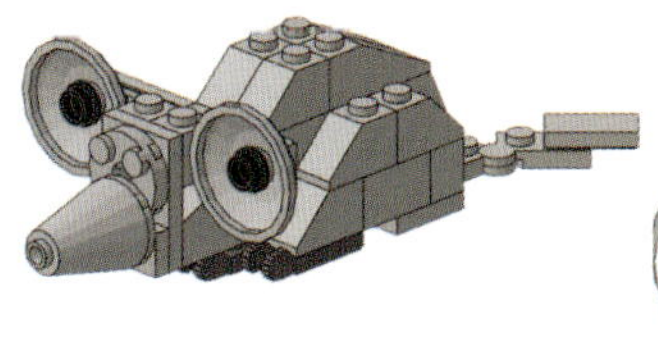

9

Spinne

Auch dieses Geschöpf macht vielen Menschen Angst. Es gibt mehr als 43 000 bekannte Spinnenarten. Sie alle haben acht Beine, ihr Körper ist in zwei Segmente unterteilt. Manche Spinnen jagen ihre Beute aktiv, andere warten, bis sie ihnen ins Netz geht. Spinnen haben einen hoch entwickelten Tast- und Sehsinn. Für die vier Beinpaare unserer Spinne haben wir 1-x-4-Scharnierplatten verwendet. Die großen Augen bestehen aus einer 1-x-2-Platte mit schräg angeordneten Griffen und runden 1-x-1-Fliesen.

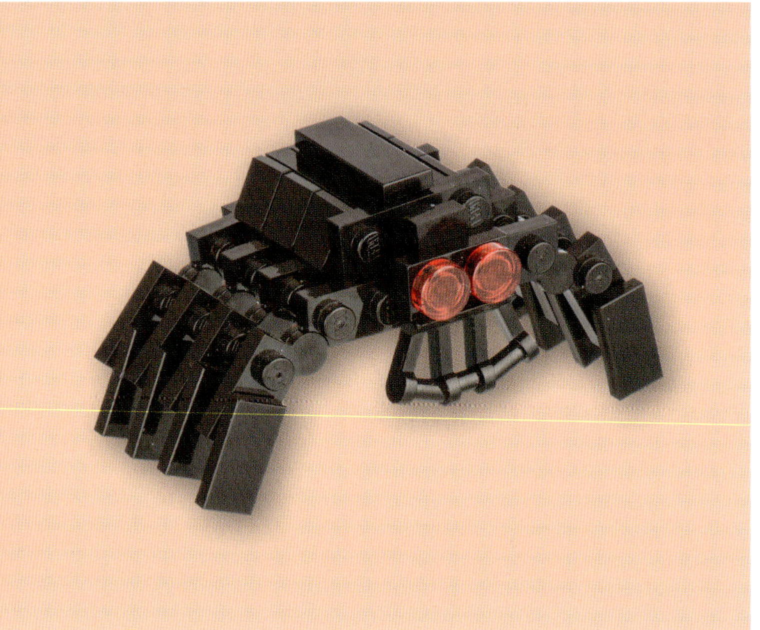

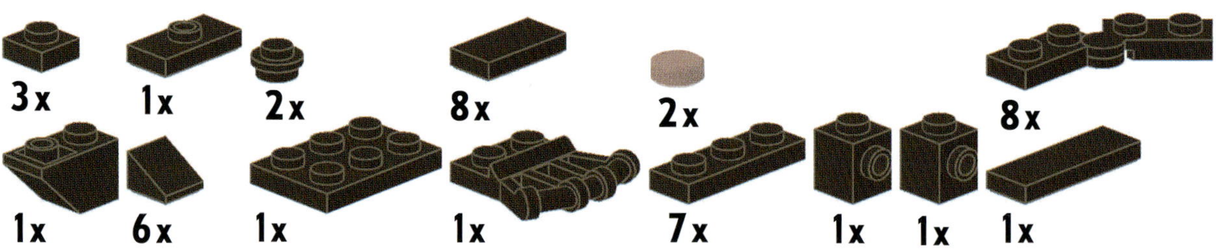

Spinne

1

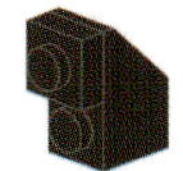

2

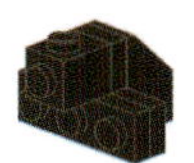

3

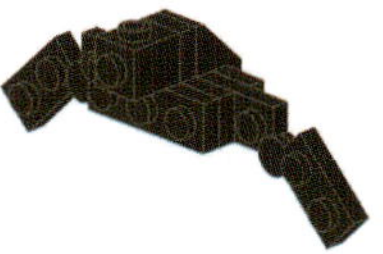

4

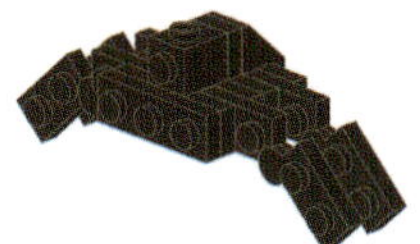

5

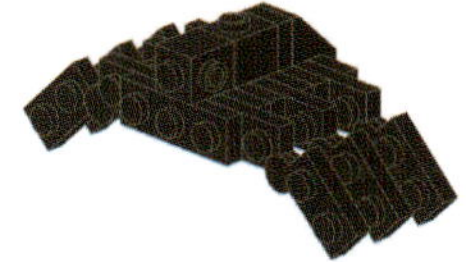

6

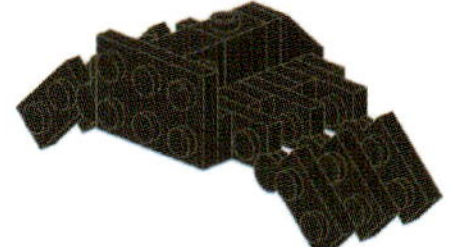

7

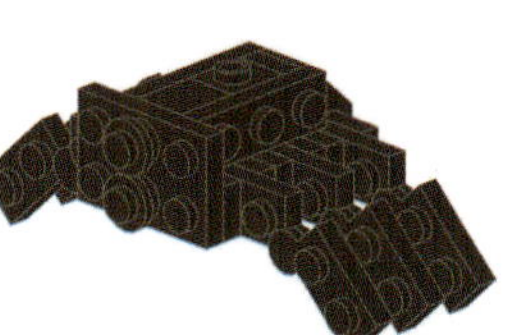

8

9

10

Ameise

Ameisen sind sehr soziale kleine Geschöpfe: Sie leben in Kolonien mit festgelegten Strukturen, und jede hat eine ganz bestimmte Aufgabe. Es gibt weltweit über 10 000 Ameisenarten, am weitesten verbreitet sind sie in heißeren Gegenden. Die Tiere haben eine schlanke Taille, die den ovalen Bauch mit dem Brustkorb verbindet; dort finden sich auch die drei Beinpaare. Wir haben Brust und Bauch durch verschiedene schräge Steine miteinander verbunden.

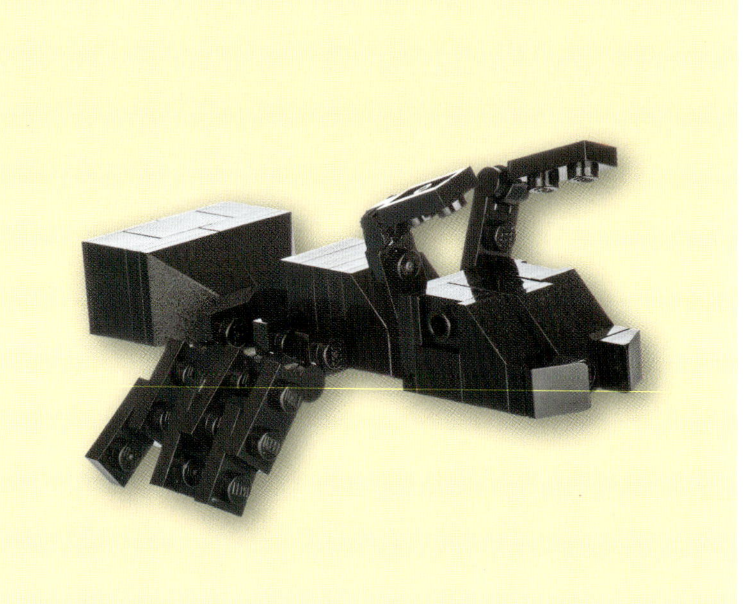

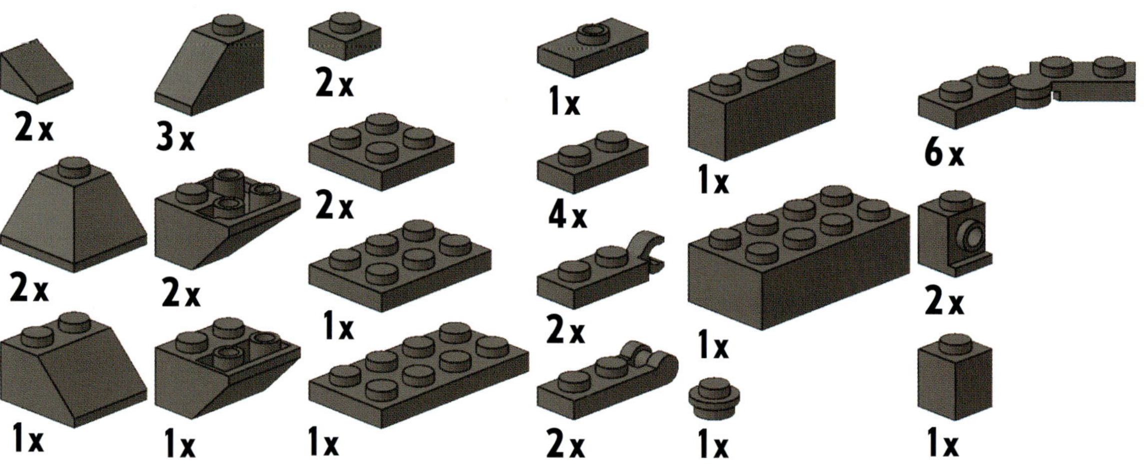

Ameise

1

2

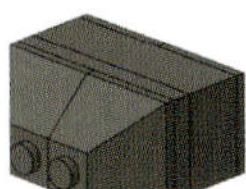

3

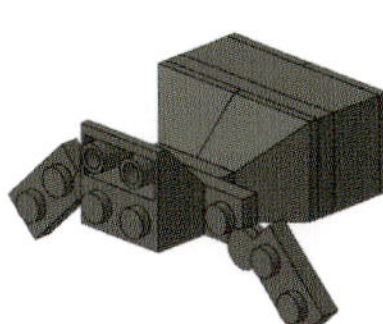

4

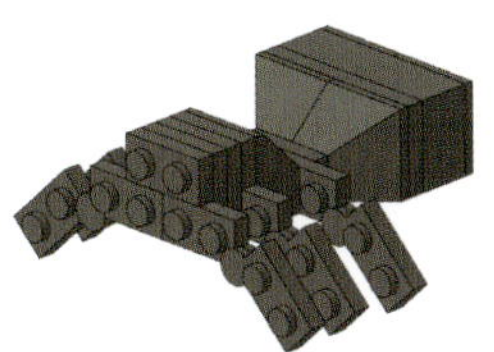

5

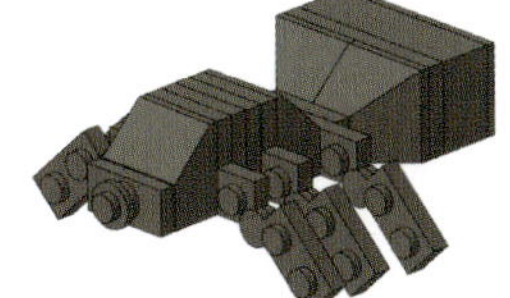

6

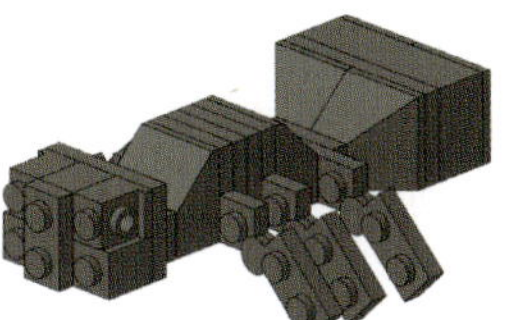

7

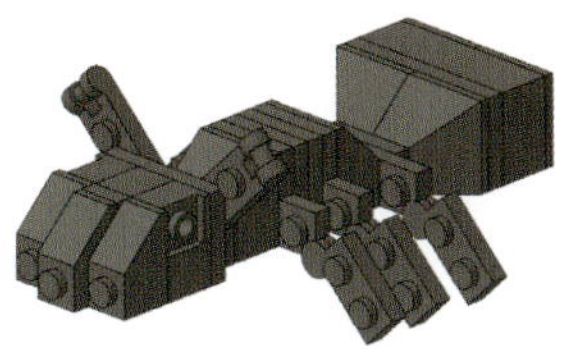

8

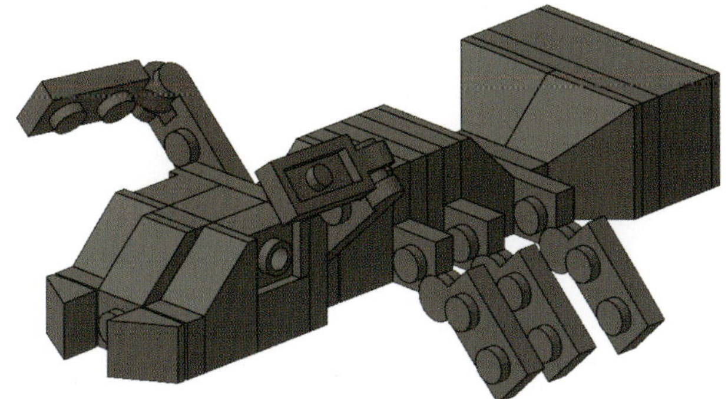

Gorilla

Gorillas sind die größten Vertreter der Menschenaffenfamilie und neben den Schimpansen auch am engsten mit dem Menschen verwandt. Die Tiere sind sehr stark, haben ein schwarzes Fell und schwarze Haut, große Nasenlöcher und ausgeprägte Überaugenwulste. Für die Arme unseres Silberrückens haben wir 2-x-2-Dachecksteine mit 73-Grad-Schräge benutzt, für die Hände kleine hellgraue schräge Dachsteine. Das Hellgrau dient auch zur Kennzeichnung des charakteristischen silbernen Rückens.

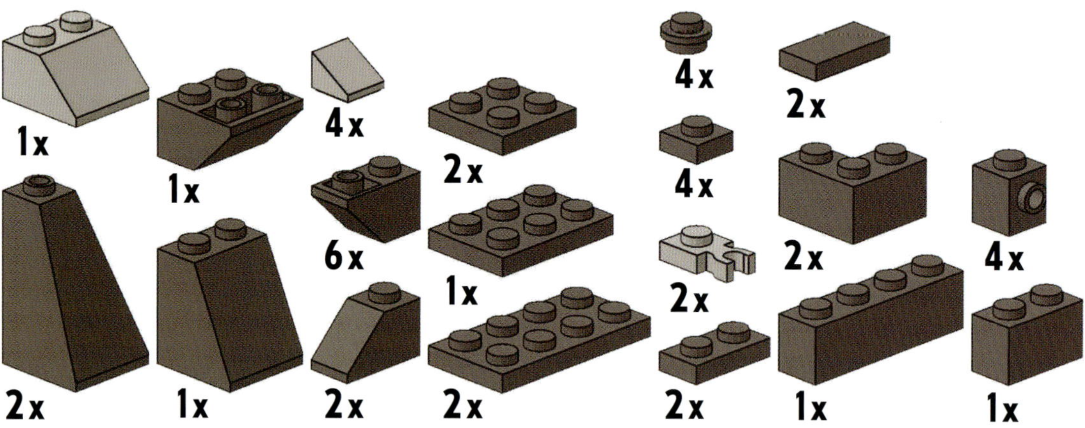

Gorilla

1

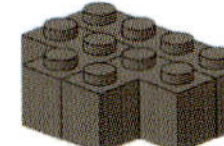

2

3

4

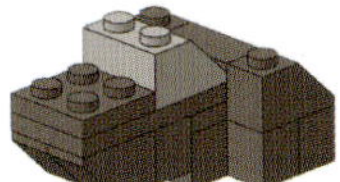

5

6

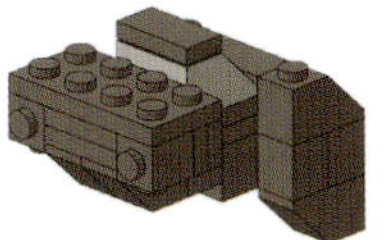

7

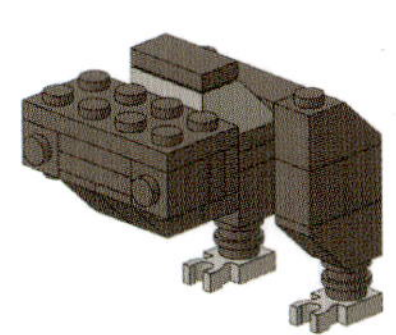

8

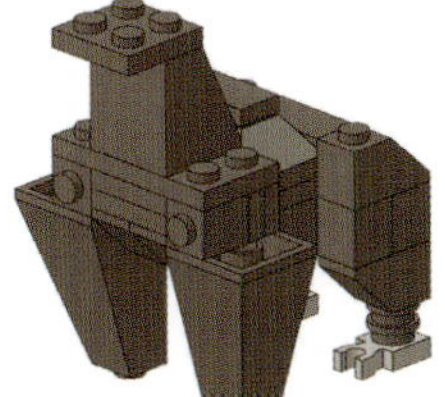

9

10

Nashorn

Nashörner gehören zu den größten Landsäugetieren der Welt. Alle Arten sind traurigerweise bedroht und nur noch im östlichen und südlichen Afrika sowie in Teilen Asiens heimisch. In unserem Modell haben wir für Schultern und Flanken 2-x-3-Dachsteine mit 33-Grad-Schräge verwendet, die Verjüngung des Körpers von oben nach unten haben wir mit einem 3-x-3-Dacheckstein mit 33-Grad-Schräge angedeutet. Ein großes, weißes »Klauen-Stück« dient als Horn.

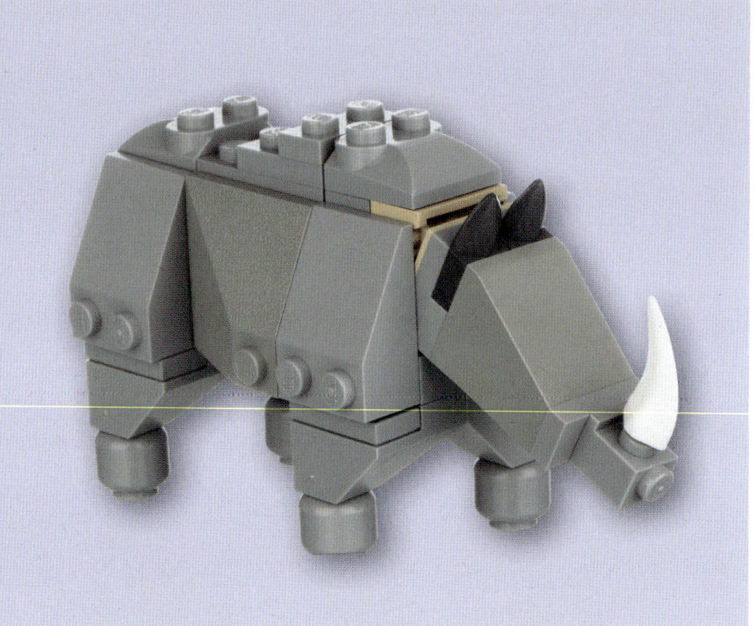

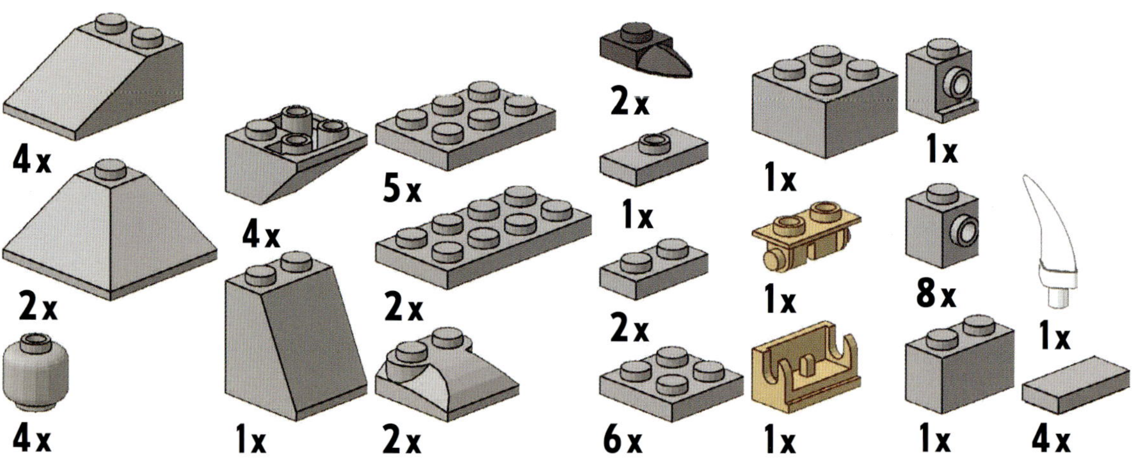

Nashorn

1

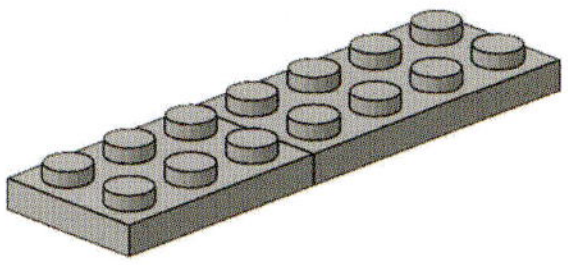

2

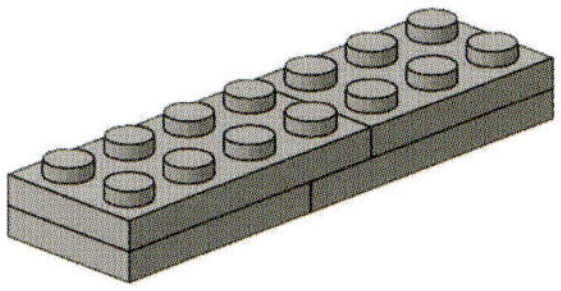

3

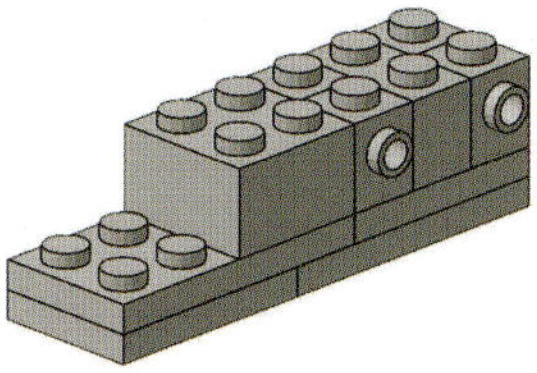

4

5

6

7

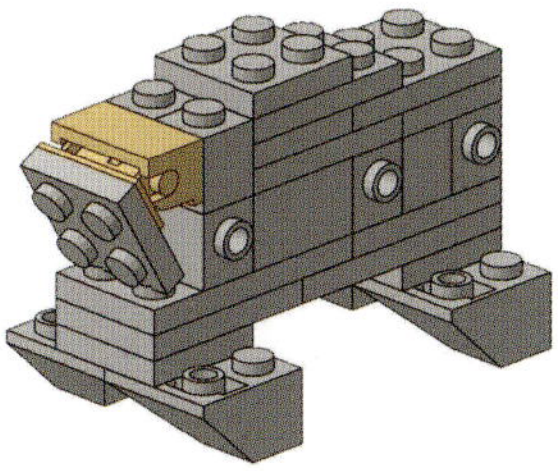

8

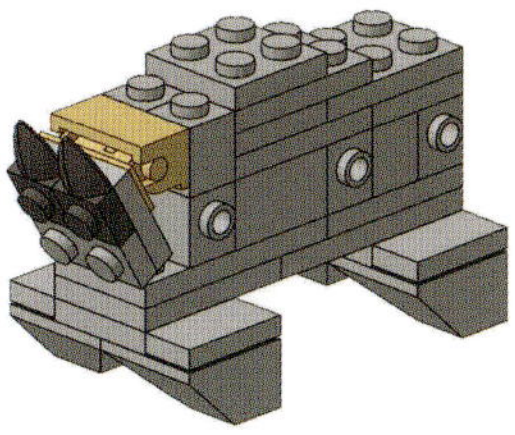

9

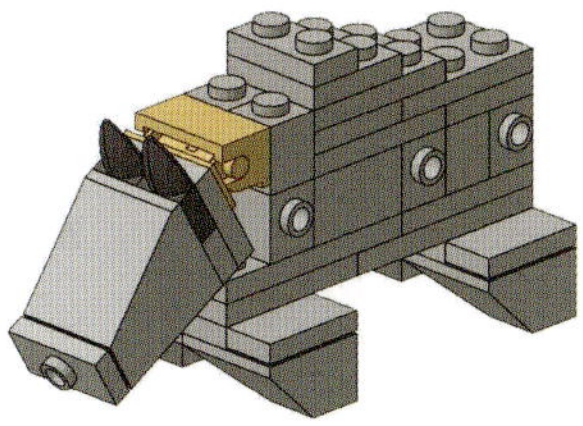

10

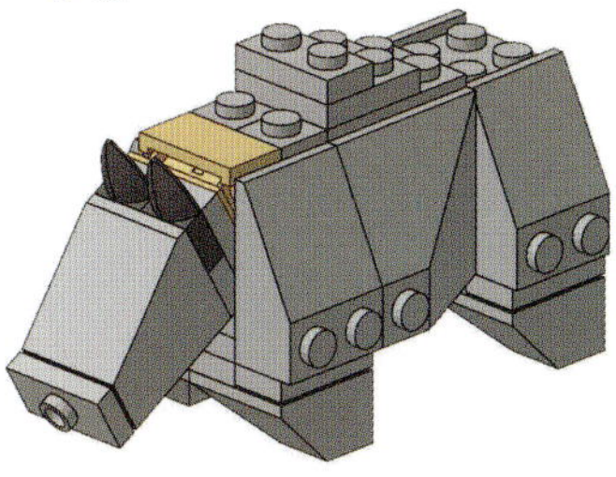

11

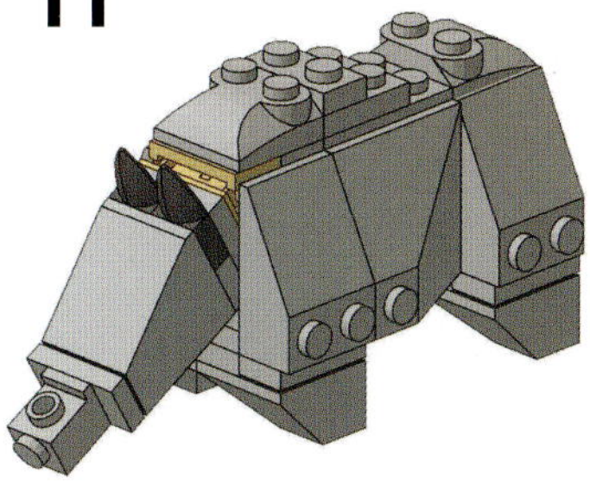

12

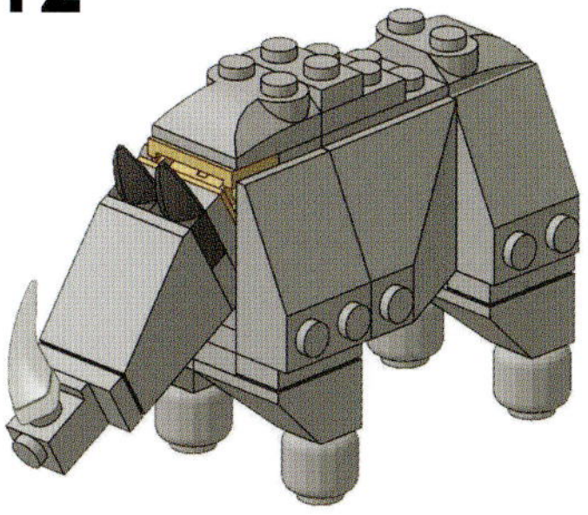

Flamingo

Die hellrosafarbenen Watvögel besitzen lange Beine und Schnäbel. Sie leben in großen Kolonien zusammen und filtern mit ihrem Seihschnabel die Nahrung aus dem Wasser oder dem Schlamm. Zuvor wirbeln sie mit ihren Füßen den Schlick auf, um an die Algen und winzige Krustentiere zu gelangen. Unser Flamingo besteht aus verschiedenen rosafarbenen Standardsteinen; den oberen Teil des Kopfes bildet eine runde 1-x-1-Fliese, den unteren Teil des Kopfes und den Hals ein zweckentfremdetes Trinkglas.

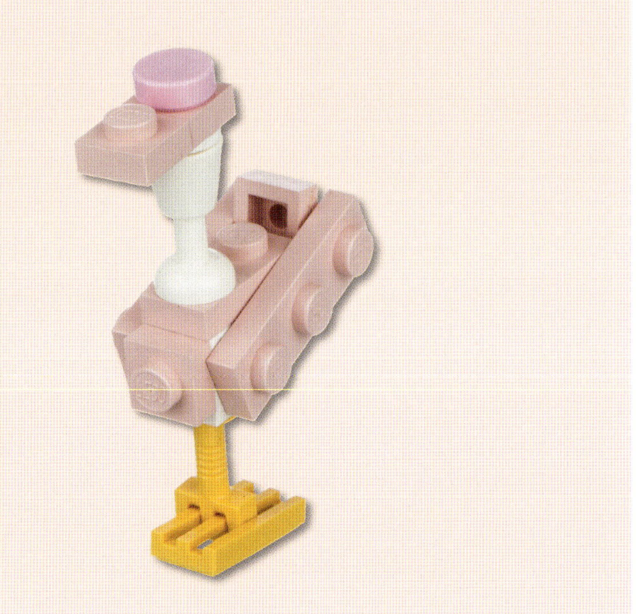

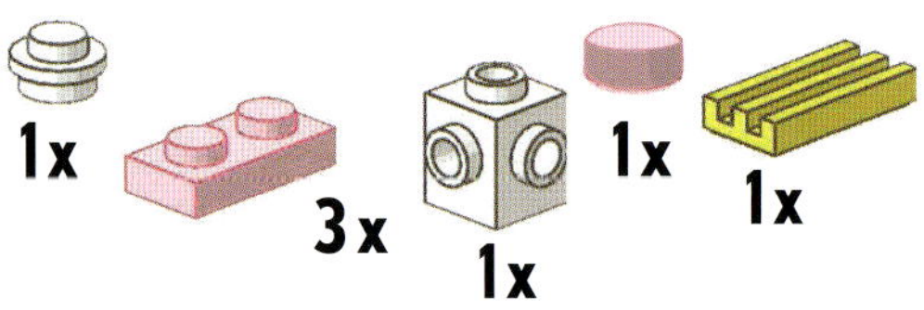

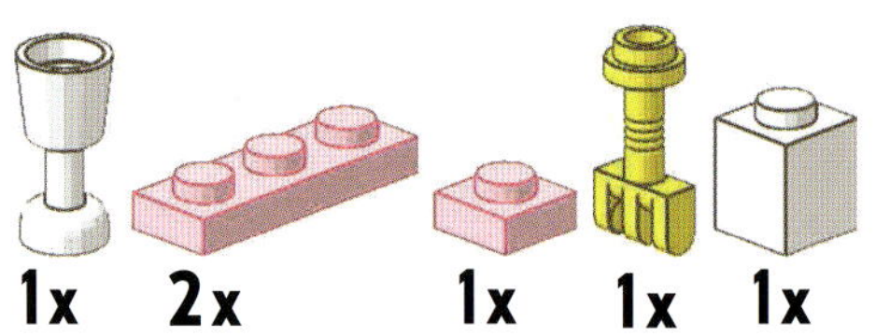

Flamingo

1

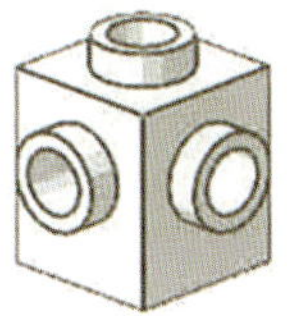

2

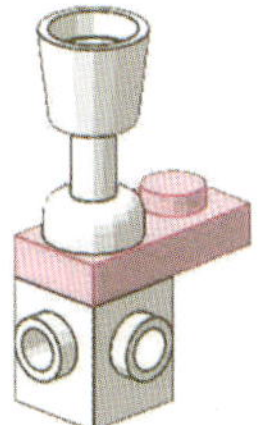

3

4

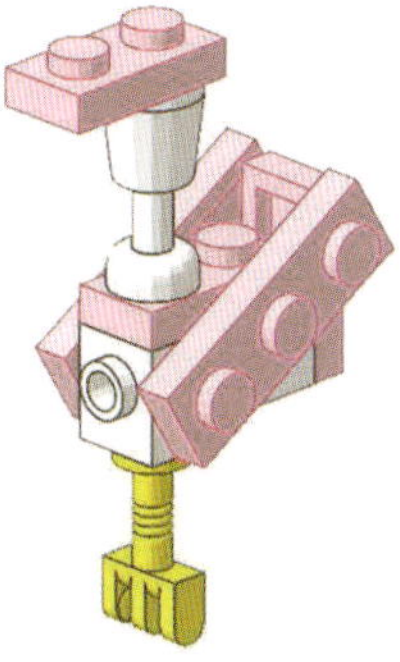

5

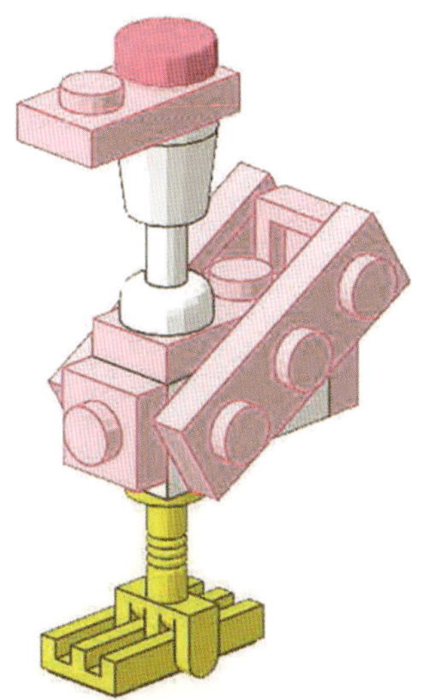

Mücke

Die kleinen Kreaturen ernähren sich vom Blut anderer Lebewesen, auch von menschlichem! Sie haben einen langen Saugrüssel, um beim Stechen bequem an die Blutgefäße heranzukommen. Da viele Mückenarten Krankheiten übertragen, sind die Tiere keine gern gesehenen Gäste. Die Beine unserer Mücke bestehen ebenso wie der Saugrüssel aus 1-x-4-Antennen, die Knie aus 1-x-1-Kegeln. Für den großen Kopf haben wir 3-x-3-Satschüsseln verwendet, für die Flügel transparente 1-x-4-Steine.

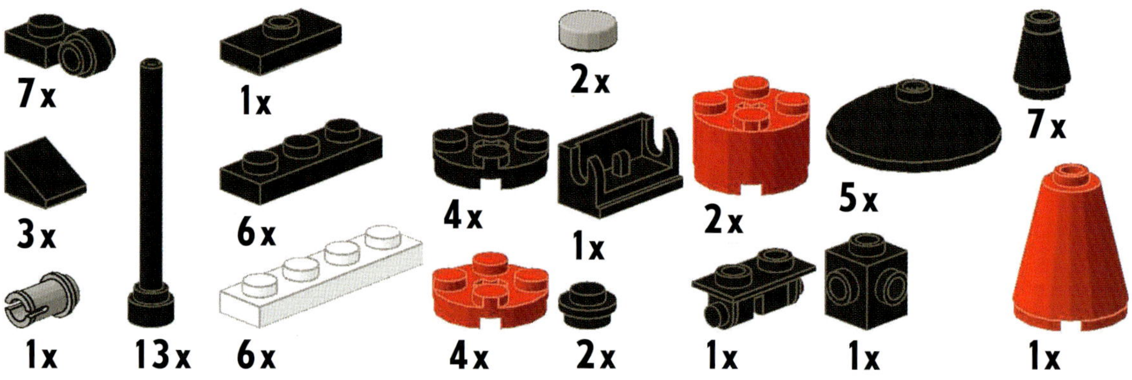

Mücke

1

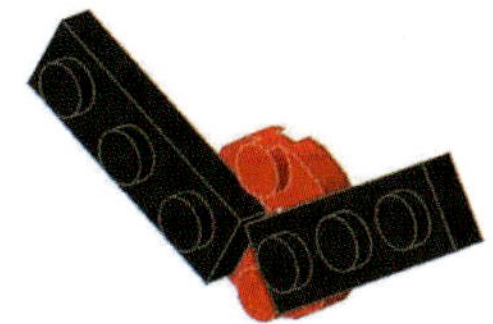

2

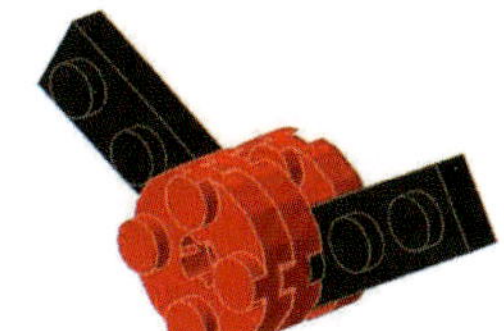

3

4

5

6

7

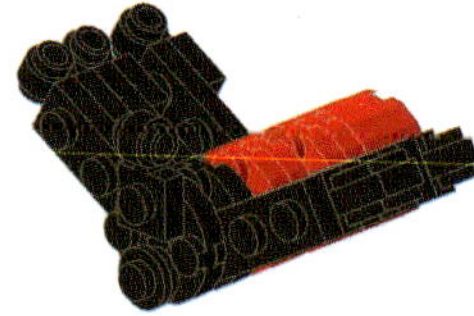

8

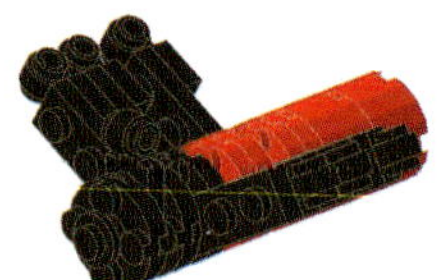

9

10

11

12

13

14

15

16

Über das Team

Warren Elsmore lebt in Edinburgh und ist nicht nur LEGO®-Künstler, sondern auch ein Fan der kreativen Freizeitbeschäftigung. Im Alter von vier Jahren hat er sich in die kleinen Plastiksteine verliebt und bis heute verbringt er seine Zeit damit, ganz erstaunliche Konstruktionen aus ihnen zu erschaffen. Nach 15 Jahren erfolgreicher IT-Karriere beschloss Warren 2012, sich den LEGO-Steinen in Vollzeit zu widmen. Er hilft multinational aufgestellten Unternehmen dabei, sich ihre Träume in Plastik zu verwirklichen. Warrens erstes Buch, der Bestseller **Brick City,** erschien in 21 Sprachen und wurde von der Kritik hoch gelobt. Ihm folgten weitere Bücher über mit LEGO-Steinen nachgebaute berühmte Orte, Gegenstände und historische Ereignisse. Eines seiner Modelle hat es dank des British Antarctic Survey sogar bis an den Südpol geschafft. Warrens **Brick City-** und **Brick Wonders-**Modelle wurden in Museen und Galerien in ganz Großbritannien ausgestellt und fanden ein begeistertes Publikum. 2015 war Warren Mitorganisator von BRICK, dem größten LEGO-Fanevent in Großbritannien und einem der größten weltweit. Weitere Informationen finden Sie unter www.warrenelsmore.com.

Teresa »Kitty« Elsmore, Ko-Autorin dieses Buchs, war ebenfalls schon als Kind LEGO-Fan und hat auch heute noch viel Freude daran. Ihre besondere Leidenschaft sind die kleinen Details, die die Figuren zum Leben erwecken. Seit ihrer Hochzeit 2005 haben Teresa und Warren bereits mehrere gemeinsame Projekte realisiert; heute führen sie zusammen ein erfolgreiches Unternehmen und werden für ihr Hobby auch noch bezahlt.

Guy Bagley hat an der britischen University of Hertfordshire Industriemodellbau studiert und sich nach einer kurzen Zeit in der Film- und Fernsehbranche auf Architekturmodellbau und schließlich Spielzeugdesign, etwa für Mattel und Hasbro, spezialisiert. Guy stieß 1992 zur LEGO-Gruppe, wo er am Aufbau von LEGOLAND®-Windsor beteiligt war. Anschließend wurde er leitender Designer und Modellshopmanager für neue LEGOLAND-Themenparks und LEGOLAND Discovery Centers weltweit. Nach 23 Jahren stellt er sich mit Warren Elsmores Team nun neuen Herausforderungen – und hat es nie bereut!

Alastair Disley ist professioneller LEGO-Bauer, Architekturhistoriker und Musiker. Nach zahlreichen Vorlesungen an Universitäten hat er sich an der englisch-schottischen Grenze niedergelassen, wo er heute gemeinsam mit seiner jungen Familie lebt.